# ビジネスを成功に導く
# データ活用

## 実践ガイド

インキュデータ 飯塚 貴之
河井 健之助 ［著］
岡永 卓矢

顧客体験価値を創造し、向上させるためのデザイン

DATA UTILIZATION

SE
SHOEISHA

JN108089

# 本書内容に関するお問い合わせについて

このたびは翔泳社の書籍をお買い上げいただき、誠にありがとうございます。弊社では、読者の皆様からのお問い合わせに適切に対応させていただくため、以下のガイドラインへのご協力をお願い致しております。下記項目をお読みいただき、手順に従ってお問い合わせください。

## ●ご質問される前に

弊社Webサイトの「正誤表」をご参照ください。これまでに判明した正誤や追加情報を掲載しています。

正誤表　https://www.shoeisha.co.jp/book/errata/

## ●ご質問方法

弊社Webサイトの「書籍に関するお問い合わせ」をご利用ください。

書籍に関するお問い合わせ　https://www.shoeisha.co.jp/book/qa/

インターネットをご利用でない場合は、FAXまたは郵便にて、下記〝翔泳社 愛読者サービスセンター〟までお問い合わせください。
電話でのご質問は、お受けしておりません。

## ●回答について

回答は、ご質問いただいた手段によってご返事申し上げます。ご質問の内容によっては、回答に数日ないしはそれ以上の期間を要する場合があります。

## ●ご質問に際してのご注意

本書の対象を越えるもの、記述個所を特定されないもの、また読者固有の環境に起因するご質問等にはお答えできませんので、予めご了承ください。

## ●郵便物送付先およびFAX番号

送付先住所　〒160-0006　東京都新宿区舟町5
FAX番号　03-5362-3818
宛先　　　（株）翔泳社 愛読者サービスセンター

# はじめに

　「データ」はコンピュータやインターネットの普及と同時に大量に生成されるようになり、データの処理や分析・活用のためにさまざまな技術が開発されてきました。ありとあらゆるサービスの裏では大量のデータが生み出され、ビジネスの現場で分析・活用されています。

　データを活用することで他社とは圧倒的に差別化された顧客体験を提供し、自社のサービスを大きく発展させてきた企業も存在します。いわゆる、プラットフォーマーと呼ばれる事業者は大量のデータを分析し、顧客の趣味嗜好に合わせた商品・サービスの提案を行うことにより、顧客満足度を向上させています。

　また、データを分析し活用することそのものがビジネスモデルの根幹をなすような、新たな市場も広がっています。その代表例の一つがリテールメディアでしょう。リテールメディアとは、小売事業者が自社の持つ顧客データと顧客接点を広告事業として利用するビジネスモデルを指します。小売事業者はECやアプリ、店舗のデジタルサイネージなど、自社の持つさまざまな顧客接点を通じてマーケティング活動を行うことで、商品やサービスの購入意欲を高めることができます。メーカ各社が自社の商品・サービスを提供したい顧客に対して、小売事業者が持つ顧客接点を通じてマーケティングができるようにすることで、小売事業者は広告収入を得ることができます。このビジネスモデルを成り立たせるためには、データ分析が不可欠です。小売事業者が自社の持つデータを分析することによって、いかにメーカがアプローチしたい顧客を高い精度で抽出し、ターゲティングできるかが重要です。

　このような事例からも、データがビジネスの成長に大きく寄与することはお分かりいただけるでしょう。

　ただし、一般的にはデータそのものが価値となり、収益を上げることができるようなケースは非常に限定的です。リテールメディアも、日常的に一般消費者と接点があり、自社の顧客が非常に特徴的でターゲティングしやすいケースや、大量の購買データや顧客データから顧客行動を分析することが可能な小売事業者だからこそ、ビジネスとして成り立たせることができます。多くのビジネスにおいては、データは事業の手助けにはなっても、ビジネスの主役とはなり得ないケースが圧倒的に多いのです。

　そこで重要になってくるのは、データをどのような目的でどのように活用

すればビジネスに生かすことができるのか、という観点です。実際に多くの企業で、ビジネスに活用する観点がすっぽり抜けてしまったままデータ基盤を構築しているケースや、一部の施策でしかデータを活用できておらず、効果が限られているケースが多く見受けられます。

また、ビジネスにおけるデータの活用は一過性のものではなく、分析のPDCAを実行することで成果につなげていくことができるものです。併せてそのための仕組み作りや人材育成も進めていく必要があります。

本書では、データをビジネスに生かすことを念頭に置き、なぜ、どういった目的で、何のためにデータ分析を行うのか、そのために必要となるシステム基盤や組織、業務プロセスとは何かといった、データをビジネスに生かすために必要な幅広い観点について解説いたします。

### ●本書の構成

第0章では、なぜ、今、企業にとってデータ活用が必要なのか、また、昨今の個人情報保護などデータ活用を取り巻く外部環境について解説します。

第1章では、データ活用に取り組む前に考えるべきビジネスの目的をどのように定めていくべきか解説します。データ活用はあくまでビジネス上の目的を達成するための手段です。データ活用そのものが目的になってしまうと、その取り組みはビジネスの成果につながらず必ず失敗に終わります。また、企業が顧客体験を改善するためのデータ活用に取り組む際には、経営者・事業責任者、現場の事業担当者やIT部門の担当者含め、多くの関係者が関与します。「なぜ」データ分析に取り組む必要があるのか、全員が同じ方向を向き、同じ目的意識を持って取り組めるようになるための方法を提示します。

第2章では、データを活用するために必要となる顧客データ基盤の構築について解説します。一般的に企業の中では、Webサイトやアプリ、基幹システムなどがそれぞれ個別に顧客データを保持しており、それらのデータは分断されています。顧客体験を向上させるためには、それらの顧客接点を横断したデータの統合が必須となります。そのために必要となる顧客データ基盤を構築する際に注意すべきポイントを中心に解説していきます。

第3章では、実際にデータを活用する企業内の組織をどのように構築し、運営していくべきかを解説します。実際に目的を定義し、必要となるデータ基盤を整備したとしても、それを活用するための組織が正しく運営されない限り、ビジネスの成果に結びつけることはできません。そのために必要とな

るKPIの設計や人材育成について明らかにします。

　第4章では、第1章から第3章までに解説した内容を実践した結果について、企業の実例を交えながら具体的に紹介します。さまざまな業種での取り組みにおいて、どのような課題を抱えており、データ活用を推進することになったのか、実際のデータ活用の進め方や成果を紹介します。

　また、第0章から第3章までの章末には、実際にそれぞれの取り組みを進める上で見返していただきたいポイントをチェックリストとして掲載しています。これらの内容をご確認いただき、データ活用を推進する際にビジネスの成果につながるような進め方をできているのか、検証してみてください。


　本書を手に取ってくださった皆さんは、データをビジネスの実務に生かすことに思索を巡らせている方かと思います。我々インキュデータは、データを活用した際に得られる効果が非常に高いものだと考えています。本書が正しい手順を踏んでデータ活用を推進していただくための一助となれば幸いです。


2023年10月　インキュデータ株式会社

ソリューション本部 本部長

飯塚 貴之

# 目次

## 第 0 章

## 日本企業のデータ活用の現状と今後の展望

# 第 1 章

# 目指すべき顧客体験を設計する

# 第 2 章

# 顧客体験価値向上に向けた
# 顧客データの統合と分析

# 第 3 章

# 企業内変革を実現する

# 第 4 章

# データ活用事例集

第 0 章

# 日本企業のデータ活用の現状と今後の展望

# 0.1 データに対する安易な幻想は捨てなければならない

## かつて、経営層がデータ活用に乗り出した背景

　「データは21世紀の石油」と呼ばれるようになってから早10年が経ちましたが、未だに日本では企業のデータ活用が遅々として進んでいません。

　一般的にプラットフォーマーと呼ばれる事業者が圧倒的なデータを武器に影響力を行使していく中で、企業の経営層は自社のビジネスが先進的な取り組みを進める企業によって侵食されていくことに焦り、データを中心とした取り組みを進めるような号令を現場に出しました。それを受け、企業はデータ活用を推進するための新たな部門を立ち上げたり、AI系のスタートアップの技術を導入したり、または自社のデータをマネタイズすべく、データの外販を進めるようになりました。

## 失敗に終わった、データ活用に関する企業の取り組み

　データ活用の推進部門はデータを用いて収益向上を目指すのか、業務効率化を目指すのかなど、データ活用の必要性や目的が明確ではない中で、大きな期待を背負ってデータ活用の取り組みを推進させることになりました。

　データ活用をビジネスの成果につなげるためには、実際の現場を理解している事業部門の方々の協力は必須です。ただし、新設されたデータ推進部門は、必ずしも事業部門の方々にデータ活用のために動いてもらう権限を持ち合わせておらず、また、限られた人員の中では実行できることも限定的になりがちです。結果、なかなか成果につながらず業務負担が増えてしまうことから、事業部門がデータ活用そのものに対して懐疑的になってしまうことが多々あります。また、IT部門が所管するシステムとは独立したツールやシステムの導入を進めてIT部門がリスクを感じるようなケースもあります（図0.1.1）。

　結果として、十分な成果を出せなかった新設のデータ推進部門は解体され、経営層はデータ活用に幻滅しました。

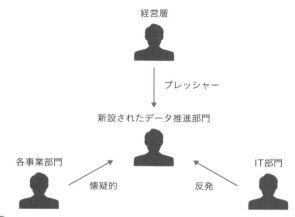

▶図0.1.1　新設されたデータ推進部門が置かれ得る状況

　特に、大企業ではスタートアップの真新しさに飛びつき、役員のお墨付き
をもらって自社のビジネスとのシナジーが不明瞭なAI系のスタートアップ
との提携やサービス導入を進めることもありました（**図0.1.2**）。しかし、十
分なビジネスの成果には結びつかず、立ち消えていった取り組みは星の数ほ
どあります。このような取り組みのさらなるデメリットは、スタートアップ
企業と関わることで、デジタル感度の高い有望な若手社員が、自由な働き方
や年功序列に囚われない裁量などに惹かれて退職してしまったことです。

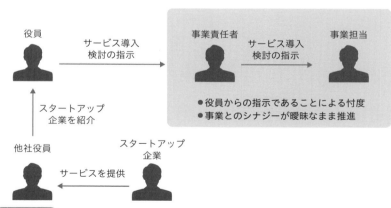

▶図0.1.2　役員からの指示が起点となった取り組み

大企業特有の失敗例もあります。筆者が思うに、大企業は自社が抱えるデータの価値を過大に評価する傾向があるようです。「我々は社会から信頼されている企業だから」「日本の人口の約80％が自社の顧客だから」といった、顧客にあまり配慮のない企業ありきの説明で、大掛かりな仕組みやサービスを立ち上げてしまいました（図0.1.3）。

自社の視点では、
- 顧客数が非常に多い
- 生み出されるデータの量が多い
- 分析することでさまざまな示唆が得られる
→ データがマネタイズできる

一方で市場から見ると、
- 得られるデータ種別が限定的
- 他社でも類似したサービスがある
- そもそも利用用途が分からない
→ 全くスケールしない

▶図0.1.3　自社が持つデータの価値を過信

　このように、データ活用に対するこれまでの企業の取り組みは、失敗例を挙げれば切りがありません。まさにブームに乗って取り組んだものの、経営層を含め、企業のデータ活用に取り組む覚悟が足りなかったのです。中途半端な取り組みを進めて失敗し、勝手に幻滅してしまった、といえるでしょう。

# 0.2 個人のデータに対する意識の高まり

## プライバシーやデータ保護に対する日本人の意識

　企業の本質的なデータ活用が進むよりも早く、社会には大きな変化が現れています。一例として、一部のプラットフォーマーのデータがあまりにも精緻に個人を特定し、リターゲティングなどの広告配信技術が発展したことにより、個人が企業のデータ活用に対して非常に敏感になったことが挙げられます。

　特に日本人はその傾向が強く（図0.2.1）、極端な例では、その人の命に関わるような事象をサービス提供事業者が検知できたとしても、本人が望んでいない形でのデータ活用だった場合には、それを許容することができないと感じることがあり得ます。

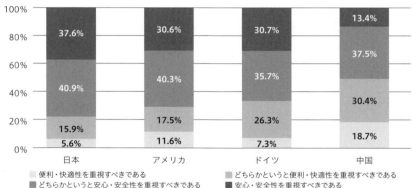

プライバシーやデータ保護に関する規制やルールに対する消費者の考え方

|  | 日本 | アメリカ | ドイツ | 中国 |
|---|---|---|---|---|
| 安心・安全性を重視すべきである | 37.6% | 30.6% | 30.7% | 13.4% |
| どちらかというと安心・安全性を重視すべきである | 40.9% | 40.3% | 35.7% | 37.5% |
| どちらかというと便利・快適性を重視すべきである | 15.9% | 17.5% | 26.3% | 30.4% |
| 便利・快適性を重視すべきである | 5.6% | 11.6% | 7.3% | 18.7% |

- 便利・快適性を重視すべきである
- どちらかというと便利・快適性を重視すべきである
- どちらかというと安心・安全性を重視すべきである
- 安心・安全性を重視すべきである

> 日本の消費者は他国に比べ、プライバシーやデータ保護に関して、便利・快適性よりも**安心・安全性を重視した規制やルールづくりを求める**声が多い

▶図0.2.1　データの流通および利活用に関する意識・状況調査[1]

---

※1　出典）下記資料を参考にインキュデータ作成
　　　・総務省（2020）「データの流通環境等に関する消費者の意識に関する調査研究」
　　　　https://www.soumu.go.jp/johotsusintokei/linkdata/r02_04_houkoku.pdf

例えば、スマートウォッチの事業者が脈拍の変化などから異常を検知したとしても、本人の許諾なく救急に対して連絡することを拒む、といったケースが該当します。

## 個人のプライバシー保護を重視した法改正

　企業が顧客の意図しない形でデータを活用しないよう、法改正も進められています。2018年5月にヨーロッパでGDPR（General Data Protection Regulation）が施行されたのを皮切りに、日本でも「個人情報の保護に関する法律」（以下、「個人情報保護法」）が改正され、2022年4月に施行されました。

　個人情報保護法では、本人が個人情報の第三者提供記録について企業に開示を請求できる権利が規定されています。この義務を企業が果たすためには「第三者にデータ提供したことを記録すること」に加え、「どのデータが請求した本人のデータに該当するのかを識別できること」が必要であり、そのためのシステム・業務を整備する必要があります。また、2022年に施行された改正個人情報保護法では、データの提供元では個人データに該当しないものの、提供先においては個人データに該当することが想定される情報の第三者提供について、提供先において本人同意が得られていることなどの確認が義務付けられています（図0.2.2）。

　このように、企業の責任において果たすべき義務や、そのために整備しなければならない事項が年々増していることを、データ活用を推進しようとしている企業は理解しなければいけません。

| | | |
|---|---|---|
| 1 | 個人の権利の在り方 | 利用停止・消去等の個人の請求権について、一部の法違反の場合に加えて、個人の権利又は正当な利益が害されるおそれがある場合等にも拡充する。保有個人データの開示方法について、電磁的記録の提供を含め、本人が指示できるようにする。個人データの授受に関する第三者提供記録について、本人が開示請求できるようにする。6ヶ月以内に消去する短期保存データについて、保有個人データに含めることとし、開示、利用停止等の対象とする。オプトアウト規定により第三者に提供できる個人データの範囲を限定し、①不正取得された個人データ、②オプトアウト規定により提供された個人データについても対象外とする。 |
| 2 | 事業者の守るべき責務の在り方 | 漏えい等が発生し、個人の権利利益を害するおそれが大きい場合に、委員会への報告及び本人への通知を義務化する。違法又は不当な行為を助長する等の不適正な方法により個人情報を利用してはならない旨を明確化する。 |
| 3 | 事業者による自主的な取組を促す仕組みの在り方 | 認定団体制度について、現行制度に加え、企業の特定分野(部門)を対象とする団体を認定できるようにする。 |
| 4 | データ利活用の在り方 | 氏名等を削除した「仮名加工情報」を創設し、内部分析に限定する等を条件に、開示・利用停止請求への対応等の義務を緩和する。提供元では個人データに該当しないものの、提供先において個人データとなることが想定される「個人関連情報」の第三者提供について、本人同意が得られていること等の確認を義務付ける。 |
| 5 | ペナルティの在り方 | 委員会による命令違反・委員会に対する虚偽報告等の法定刑を引き上げる。命令違反等の罰金について、法人と個人の資力格差等を勘案して、法人に対しては行為者よりも罰金刑の最高額を引上げる(法人重科)。 |
| 6 | 法の域外適用・越境移転の在り方 | 日本国内にある者に係る個人情報等を取り扱う外国事業者を、罰則によって担保された報告徴収・命令の対象とする。外国にある第三者への個人データの提供時に、移転先事業者における個人情報の取扱いに関する本人への情報提供の充実等を求める。 |

▶ 図0.2.2 2022年全面施行の改正個人情報保護法の六つのポイント[2]

## 企業のデータ活用を促進するルール整備も含まれる

　一方で、個人情報の保護に重点を置きつつも、匿名加工情報(特定の個人を識別することができないように個人情報を加工し、当該個人情報を復元できないようにした情報)や仮名加工情報(他の情報と照合しない限り特定の個人を識別できないように個人情報を加工して得られる個人に関する情報)

※2　出典)個人情報保護委員会「令和2年改正個人情報保護法について」
https://www.ppc.go.jp/files/pdf/r2kaiseihou.pdf

のように、企業のデータ活用を進めるための新たな仕組みが導入されています。

　こういった新たな仕組みは、データ活用を促進する上で重要な選択肢である一方、具体的なデータの加工方法を技術的に理解し、十分な匿名性を持たせることが必要となるため、高度な知識が求められます。例えば、一見すると、年齢・地域別で集計後のデータは十分な匿名性が担保されているかのように見えますが、該当する個人が極少数だった場合（例えば、高齢者を年齢・地域別に分類した場合は該当者が限定される）、個人を識別できてしまう可能性があります。これはあくまで一例ですが、取り扱うデータが個人情報や匿名加工情報・仮名加工情報など、法令上どのように分類されるデータなのかを正しく判別し、それぞれに対して定められた法的要件等を満たした上で活用することが必要であるといえます。

　企業には3年ごとに見直される法令を遵守した上でのデータ活用が厳格に求められています（図0.2.3）。その内容を十分に理解した上で、実務としてデータを活用していかなければいけません。従前と比べてデータ活用のハードルが大幅に上がっているといえます。

2003年 個人情報保護法成立（2005年 全面施行）

2015年 個人情報保護法改正（2017年 全面施行）
- パーソナルデータの利活用が可能に
- 施行以後、3年ごとの見直し実施を規定

2020年 個人情報保護法改正（2022年4月1日 全面施行）
- 3年ごとの見直し規定に基づく初めての法改正

今後も3年ごとに見直しが実施されるため、
その都度、対応が必要

 図0.2.3　個人情報保護法の改正状況

# 0.3 なぜデータの活用が必要なのか

## それでも企業にとってデータ活用は必須

　企業は失敗を繰り返し、社会的には個人情報の取り扱いに慎重にならざるを得ない状況にもかかわらず、なぜ、企業はデータ活用に取り組むべきなのでしょうか。

　データを正しく活用することで、企業が得られるメリットは数多く考えられますが、最も重要な考え方の一つは、データから客観的に状況を把握し、勘や経験だけに頼らない事実に基づいた意思決定を行うことが挙げられます。データを分析することによって、顧客のニーズを深く理解できているのか、顧客体験を改善させるためのポイントはどこか、といった現状の課題を明らかにし、的確なアクションを取ることによって、ビジネスの発展に貢献することができます。

### ◉データ活用で的確にビジネスの成果につなげる

　具体的にイメージするために、ある転職支援サービスのデータ活用について、次のケースを考えてみましょう。このサービスは、サービスに登録した転職希望者（求職者）に対して、社員を採用したい企業の紹介と転職支援を行っています。企業による求職者の採用が成立した後に企業側から報酬を受け取る、という一般的な転職支援サービスを前提とします。

- ◉ サービス登録者数は順調に推移している一方で、収益に結びついていない
- ◉ サービス登録者が転職に至る割合を増やしたい

　まず、この状況においてサービス登録後、転職に至るまでのどのプロセスに課題があるのかを、データを分析することで明らかにできます。例えば、

- ◉ 転職の意向を把握するためのメルマガや求人情報の案内に対する反応率
- ◉ それらの情報提供から遷移したコンテンツの閲覧状況

● キャリアアドバイザーとの面談設定の有無　など

　ここに挙げたそれぞれのデータを可視化することで、サービス利用者が転職に至るまでにボトルネックになっているポイントを明確にします。

　その上で、ボトルネックを解消するための施策をデータ分析によって立案することが可能です。仮に、キャリアアドバイザーとの面談から応募に至る確率が低い場合、サービス利用者が面談には応じても転職に対する意欲が総じて高くない可能性が考えられます。メッセージの開封・閲覧状況、直近のサイト訪問や資料ダウンロード状況などから、転職の意向度合いをスコア化することで、スコアが高い求職者から優先的にキャリアアドバイザーが手厚くサポートするといった取り組みができます。また、その後の成果を分析することで有効な取り組みだったのかどうかを検証することもできます。

　このように、自社の商品やサービスを改善するための意思決定において、データ分析は非常に重要な役割を果たすことができます。

## データ活用が生み出す効果のとらえ方

　上記はあくまでデータを活用した施策の一例に過ぎません。データ分析による効果をとらえる際に、単純にメルマガの閲覧率が上がった、クリック率が改善された、という個別の事象だけを見ることは適切ではありません。データによって取り組むべき課題が明らかになり、一つ一つの施策を効果的に実行し、最終的に生み出される一連の顧客体験が、サービスの品質そのものの改善に大きく寄与します。その結果として顧客満足度が向上し、離反防止につながるなど、幅広い効果を生むことが期待できるからです。

　例に挙げた転職支援サービスの場合、一度、その転職エージェントを使って転職していれば、次の転職の際にもサービスを利用していただける可能性は高まるはずです。

　データを活用した取り組みを進めるにあたって、一定のシステム開発や人材育成などの投資が必要となります。企業内でその意思決定をするためには、サービスの品質を漠然とした感覚で改善するだけではなく、その投資に見合った定量的な効果を目指さなければいけないことは確かです。しかし、データを活用することによって得られる果実を狭い施策単位でとらえてしまうと、その効果を過小評価してしまいます。投資対効果を短期間の狭い施策

単位で考えた結果、何もしない方がよいという極端な判断に陥ってしまうこともあるのです。

　データ活用が生み出す効果を最大限引き出すためには、データを局所的に活用することを目的とはせず、企業として幅広い領域でデータ活用を推進することです（**図0.3.1**）。そのためには、経営層から現場まで多くの関係者の理解を得なくてはいけません。なぜデータを活用するのかを明確にし、共通の目的に沿ってデータ活用を推進する必要があります。企業としてビジネスをどのように変革していくのかを見据え、データ活用を推進することがビジネスの成果につながるのです。

　具体的には、本書で紹介する重要なポイントを押さえた上でデータ活用を進めることで、確実にビジネスの成果につなげていくことができるようになります。

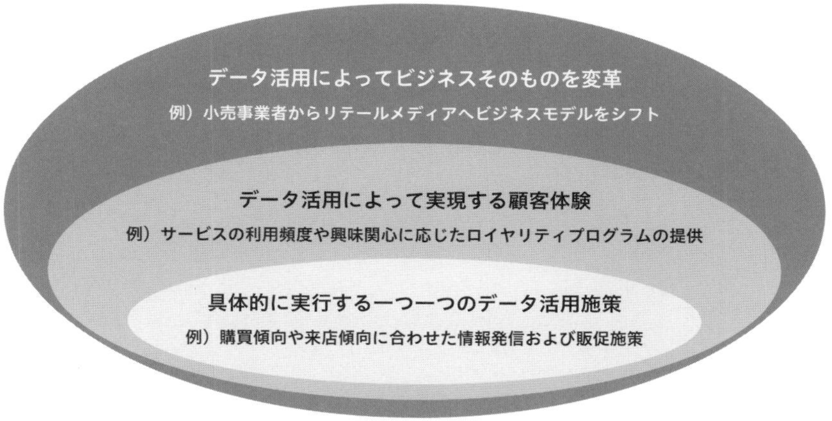

> データ活用によってビジネスそのものを変革
> 例）小売事業者からリテールメディアへビジネスモデルをシフト
>
> データ活用によって実現する顧客体験
> 例）サービスの利用頻度や興味関心に応じたロイヤリティプログラムの提供
>
> 具体的に実行する一つ一つのデータ活用施策
> 例）購買傾向や来店傾向に合わせた情報発信および販促施策

▶ **図0.3.1** データ活用の効果をとらえる際のイメージ

## 本書で扱うデータ活用の領域

　本書では、企業が持つ顧客接点を、データ活用によっていかに変革することができるのか、また、そのための取り組みをどのように推進していくべきかを中心に説いていきます。

　一般消費者との顧客接点を持つ企業はそこから生み出されたデータをいか

に活用し、どのように顧客体験を向上させていくべきか、日々頭を悩ませています。スマートフォンを中心としたデジタルの接点は一般消費者との重要なつながりになり得ますが、多くの企業が同質化したサービスを提供する中で、日常的に利用されるサービスは非常に限定的です。その中で自社のサービスを改善し、顧客との継続的なつながりを深め、ビジネスを持続させていくためにデータ活用は欠かせません。

　一般消費者はデータのプライバシーに非常に敏感である一方で、より自分自身が求めるサービスの提供、顧客体験の向上を企業に対して望んでいます。こうした顧客ニーズに応え、競合他社に優位となるような顧客体験の提供に向けたノウハウを本書の中で紹介します。

# 第 0 章チェックシート

| 企業におけるデータ活用の現在地を理解するためのチェック項目 | チェック | | 参照項目 |
| --- | --- | --- | --- |
| 企業がデータ活用を推進したものの、失敗に終わってしまったケースも数多くあることを理解している | ✓ | → | 0.1 |
| プライバシーやデータ保護に対して、日本の消費者がどのように感じているのか理解している | ✓ | → | 0.2 |
| 個人情報保護に関する法改正について、その概要を把握している | ✓ | → | 0.2 |
| データ活用を推進することによって、企業がどのようなメリットを得られるのか、全体像を整理できている | ✓ | → | 0.3 |
| 顧客体験の改善については、消費者が非常に高い期待値を持っていることを認識している | ✓ | → | 0.3 |

# 第1章

## 目指すべき顧客体験を
## 設計する

# 1.1 データ活用、その前に

## 共通のWHY、言えますか?

　DXという言葉は、流行り言葉からビジネス上の必須課題となり、今日ではその言葉を見ない日はありません。多くの企業がDXを中長期経営戦略の中心に据え、DX推進の専門部署を作り、今この瞬間にもプロジェクトが進んでいることでしょう。データ活用はDXという企業変革における一つの重要テーマに位置付けられている場合が多いかと思います。

　本書を手に取られた皆さんも、データ活用を推進しつつ、DX推進プロジェクトに何らかの形で携わっている方だと思います。ここで、皆さんに質問があります。

　なぜDXを推進し、データを活用する必要があるのでしょうか?

　回答として、「競合他社がデータ活用を始めて、シェアを奪っているから」といったビジネスの全体課題を挙げる方もいれば、「今アプローチできていない顧客をとらえるため」といった、業務上の課題を挙げる方もいるでしょう。しかしながら、この問いに対する明確な答えを、関係者全員の共通認識として持った上で推進しているプロジェクトはどれくらいあるのでしょうか。

　インキュデータが2022年6月に行った独自調査[1]によると、およそ60%の企業が、DXを通じた企業変革の新しいビジョン策定や社内外へのマーケティング戦略策定の取り組みを検討していました。

　この調査と並行して2021年4月から2022年3月の間に、DX推進を検討する41社の経営層や事業責任者と面談しました。うち11社は「DXを推進

---

※1　インキュデータ独自調査の概略
・調査エリア：首都圏（東京・神奈川・千葉・埼玉）、大阪
・調査対象者：20〜69歳の正社員男女（一次産業、宗教、各種団体は除く）
・有効回答：1,500件
・調査手法：インターネットリサーチ（利用パネル：クロス・マーケティング）

する必要性」や「DXを通じて目指すゴール」について、社内の共通認識を持った上で議論を行うことができました。裏を返せば残りの30社、つまり73％もの企業は「明確な答えを持っていない」「全員の共通認識を取れていない」という結果になりました。

DX推進は、企業の戦略上非常に重要な要素です。一定の成果を得るまでにはITシステムの刷新といった金額的な投資のほか、社員のリスキリングや専門人材への投資も必要です。他社もDXを推進しているから、といった外部環境に合わせた方策としてとらえるのは得策ではありません。こうしたとらえ方は、「面倒なことが増えた」「新しいことを覚えなくてはならない」といったネガティブな考えがプロジェクトに蔓延する原因になりかねません。また、社内の業務効率化だけに注力すると、社外へ向けるべき考えがおろそかになってしまい、お客さまにとって不都合な顧客体験や価値を提供することになり収益が下がるといった、本末転倒な事態を招くリスクがあります。

### ◉ 目的を定めた上でDXを推進する

DX推進は、目的を達成するための手段です。目的を定めずにDXを推進することはできません。

まずは企業として目指すゴール（＝目的）を明確にした上で、目標と現状の指標を比較する必要があります。既存のビジネスモデルで目標が達成できるのであれば、既存の業務プロセスの改善や最適化が最も早く目的を達成する方法になるでしょう。一方で、既存のビジネスモデルでは目標を達成できない場合は、価値の見直しやビジネスモデルの転換が方針になるかもしれません（図1.1.1）。

このように、DX推進は企業にとって重要な取り組みであり、ただ単に取り組めばなんとかなるものではありません。その理由や目的を明確にし、共通認識を持って取り組むことが必要です。顧客や従業員にとっても理解しやすい明確な理由があることで、DX推進による成果がより大きくなります。そのためには、DX推進の目的を明確にした上で、達成するための具体的な方法を検討していくことが重要です。

まずは先の「なぜその取り組みを推進するのか？」という質問、すなわち、自社の取り組みにWHYと問いかけて、共通の目的が明確に定まっているのかを確認してみてください。

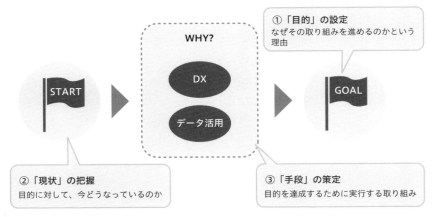

① 「目的」の設定
なぜその取り組みを進めるのかという理由

② 「現状」の把握
目的に対して、今どうなっているのか

③ 「手段」の策定
目的を達成するために実行する取り組み

「目的」がないと適切な手段を取れず、行動を起こす理由もなくなる

▶図1.1.1 「目的」の重要性

## HOW・WHAT思考の落とし穴

DX推進やデータ活用のWHYが明確になっていないにもかかわらず、HOWやWHATだけが明確に決まっているケースが散見されます。

具体的な例で説明しましょう。ある企業は顧客体験価値の向上を目的に、現在提供しているサービスを全て統合したスーパーアプリを作りたいと考えていました。我々への依頼は、スーパーアプリ作成のためにサイロ化されたデータベースをSaaSのデータ基盤で統合したいというものでした。

一見すると、問題がない方針のように思われます。しかし、「なぜスーパーアプリが必要なのですか？」と質問すると、「競合企業が提供しているからです」という答えが返ってきました。さらに掘り下げて聞くと、その企業がスーパーアプリを開発する独自の理由（WHY）が存在しないまま、SaaS基盤でデータを統合すること（HOW）と、スーパーアプリを開発・提供すること（WHAT）だけが決まっていたことが分かりました（図1.1.2）。

何を（WHAT）、どうやって（HOW）から始めてしまうと、本来達成すべき目的を見失い、使われない・浸透しない施策が生まれる

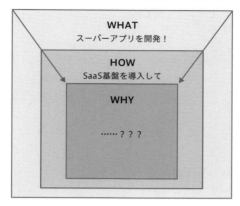

▶図1.1.2 HOW・WHAT思考の落とし穴

### ◉WHYを定めた上で、HOW・WHATを議論する

　そこで、この企業が求めているスーパーアプリのニーズが実際にあるのか、確認してみました。既存の顧客がこの企業のメインサービスを利用する一番の理由は、シンプルに予約ができることでした。既存顧客は、この企業が提供する他サービスとの連動というニーズを持っていなかったのです。

　顧客がシンプルな体験を望んでいるにもかかわらず、複数のサービスを統合した複雑な体験を提供してしまっては、本末転倒です。顧客体験価値の向上を目的にするのであれば、顧客視点でニーズを満たすための共通認識＝WHYを持ち、その上で初めてHOWとWHATを議論することができます。

　なぜやるのかが決まっていない状態、つまりWHYが決まっていないのにHOWとWHATが決まっているケースは、残念ながら多くの企業で見受けられます。結果、本来の目的を見失い、顧客目線の施策ではなく企業目線の施策になり、顧客体験価値の向上も収益の向上も実現できないといったことが起こり得ます。こうした状況を防ぐためにも、WHYの共通認識を形成することを強く意識しましょう。

# 1.2 存在価値をデザインする

## 企業やブランドとしての「パーパス」の定義

　DXやデータ活用を手段とした顧客体験向上を学ぶために本書を手に取られた方からすると、「なぜデータ活用の本でパーパスを説明するのか？」と疑問に思う方もいらっしゃるかもしれません。

　Purpose（パーパス）は日本語では目的や意図を意味しますが、ビジネス上のパーパスには社会的存在意義という意味があります。これまでの、良いものであれば売れるという時代から、人々の共感を得られる、社会的意義のあるプロダクトやサービスでないと使われない、売れない時代に変化しています。社会の中で企業がどのような責任を果たすのか、何のために存在するのかというパーパスを定義した上で次の手を打つことが重要になります。

　ここで、DXやデータ活用について考えてみましょう。次のように、DXやデータ活用はIT戦略に限ったものではなく、企業経営の根本に関わるものです。

- DXやデータ活用は企業全体の存続に関わる極めて重要な戦略・投資であること
- DXやデータ活用は手段であり、目的ではないこと

　一見すると、パーパスとDXおよびデータ活用には何の関係もないように思えるかもしれません。しかし、企業の社会的存在価値であるパーパスをゴールとし、そこに向かうための手段としてDXやデータ活用があるのです（図1.2.1、図1.2.2）。

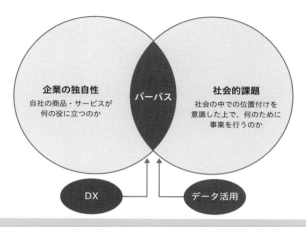

▶図1.2.1　パーパスの要素

▶図1.2.2　パーパスの例：インキュデータのパーパス

## 登る山はどれか − パーパスを実現する提供価値

　企業の社会に対しての存在意義、つまりパーパスさえ定義できれば、企業は目指す世界の実現に向けて動き出せるのかというと、そうではありません。パーパス実現のためには、サービス・プロダクトを含む提供価値を定義する必要があります。ここでは、登山ツアーの企画に例えて考えてみましょう。

　登山ツアーに参加するお客さまは、例えば、ツアー会社が掲げる、登頂して「最も美しい景色を見る」というツアーの目的に共感して参加します。一例として、初日の出を見るツアーを考えてみます。

　注意する必要があるのは、「最も美しい」といってもその定義は人によってさまざまで、「最も美しい初日の出」に対するニーズもさまざまだということです。眼下に雲海を見下ろしながら太平洋から昇る初日の出を「最も美しい初日の出」とする方なら、富士山山頂への登山が一つの正解でしょう。富士山山頂と太陽が重なるダイヤモンド富士の初日の出を「最も美しい初日の出」とする方なら、別の山へガイドすることが適切です。

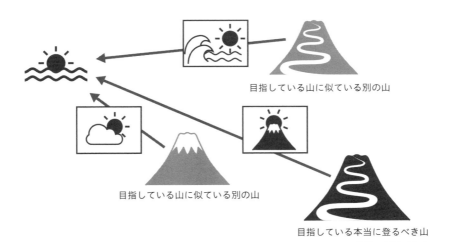

目指している山に似ている別の山

目指している山に似ている別の山

目指している本当に登るべき山

Goalが分かっていれば登るべき山に迷わない

▶図1.2.3 登る山はどれか？

このように、お客さまのニーズを理解した上で、どの山へ登り、どのような景色を見せるかを企画しないと、ツアーには参加してもらえませんし、ツアー会社としてどのようなガイドをすべきかが定まりません（図1.2.3）。

ツアー会社は参加者が共感する美しい景色（パーパス）を見せるために、どの山に登るツアーを企画するか（提供価値の定義）を適切に設定する必要があります。

## 登るべき山が不変とは限らない － 提供価値は変えられる

お客さまが共感する景色を見せるため、ツアー会社は登る山やルートを決めることが必要ですが、登るべき山はいつの時代も不変とは限りません。お客さまが求めるニーズが時代とともに大きく変化し、会社の元々の提供価値と大きく乖離が生まれた際に、登る山は変えずにルートを再整備したり、登る山自体を変更したりすることも検討すべき戦略の一つです。

ここでは、まずユニリーバの事例を紹介します。ユニリーバは「サステナビリティを暮らしの"あたりまえ"に」[2]を、その目的・存在意義と定義しています。

1880年代のイギリスでは衛生的な生活習慣が根づいておらず、多くの人々が命を落としていました。そのような状況の中、「清潔さを暮らしの"あたりまえ"に」という想いをこめて石鹸を販売したことが同社のルーツです。

その後、140年ほどが経過し、人々の生活環境やニーズは絶えず変化していますが、同社はホームケア用品のみならずヘアケア、男性用化粧品を含むパーソナルケア用品、食品など、その存在意義に沿った事業を展開しています。これは、時代の変化とともに、ルートを再整備していったケースと考えられます。

次に、「地球上で最もお客様を大切にする企業」[3]であることを使命としている、Amazonの事例を紹介します。同社はその存在意義を達成するため、常に顧客の満足度を高めるために、事業活動を行っているように思えます。

書籍のインターネット販売業者として事業を開始しましたが、続いて小売

[2]　ユニリーバについて
　　https://www.unilever.co.jp/our-company/
[3]　Amazonについて
　　https://www.aboutamazon.jp/about-us

業者がAmazonで出店できるマーケットプレイスをローンチ。その後、時代のニーズに応えるように、有料会員プログラムAmazon Primeや電子書籍のKindle、無人店舗Amazon Goといった独創的なサービスを生み出し続けてきました。

　これらのイノベーションを起こした同社は、見せる景色（＝「地球上で最もお客様を大切にする」）は創業時から変わらないものの、世の中のニーズや技術進歩とともに登る山を次々と変化させていったケースといえるでしょう。

### ◉登る山を決定できる組織づくり

　企業が掲げるパーパスによっては提供価値が不変の場合もありますが、提供価値を変えたり、創造したりすることもあります。現状把握や未来を予測し、このような意思決定をする上でデータ活用は有益な味方となります。

　ただし、ニーズがあるからといって付け焼き刃の価値を提供したり、企業にとって都合の良いデータやニーズだけをもとにした経営判断を行ったりすると、結果として自社のパーパス実現の妨げになるケースがあります。

　データを一つの手段として利用しながら、顧客のニーズを理解し、意思決定ができる組織を構築していくことが、本当の意味でのデータ活用なのです。

## フォアキャスティングとバックキャスティング

　目指す世界（＝パーパス）と登る山（＝企業の提供価値）が決まったら、次に実施すべきは現在地の把握です。ゴールとそれに至るまでの経由地が決まっても、どこからスタートするかによって、道のりの長さや過程が違ってきます。

### ◉フォアキャスティングアプローチは現状からの積み上げ

　一般的なプロジェクトでは、現在地の把握から始めます。現時点での達成項目と課題項目を分析して重要な論点を精査し、何を、どのような順序で進めていくかを決め、建設的にタスクを実行していくことが多いと思います。これは、フォアキャスティングアプローチと呼ばれる手法です。皆さんの日々の業務の多くは、このフォアキャスティングアプローチで進めているのではないでしょうか。

　フォアキャスティングアプローチには欠点があります。現行の事業から逸

脱したアイデアは生まれにくいという点です。フォアキャスティングアプローチは現時点での強みや課題解決を積み上げて成長を試みる手法のため、視野が狭くなりやすいという特徴があります。さらに、人間の性質として数値が悪い部分の改善やすぐに着手できる項目にフォーカスしてしまうことが多いため、革新的な成長プランが描きにくいといった傾向が見られます。

　結果、比較的取り組みやすく、自社内でコントロールしやすい業務の効率化や業務プロセス改善に注視してしまい、中長期経営計画などで掲げられた社会に対しての価値の向上という目的から逸脱した取り組みを推進してしまうケースが見られます。

### ◉バックキャスティングアプローチは未来からの逆算

　現在のように流動的で不確定な社会において持続可能な企業戦略を描く上での主流な手法は、あるべき未来を初めに描き、そこから現時点に向けて逆算し、実行すべき事柄を決定するバックキャスティングアプローチです。

　バックキャスティングアプローチでは、企業の本来の目的＝パーパスの実現に向けて、既存の事業に囚われることなく、本質的に必要な要素を定義できます。そのため手段が目的化してしまうことがなく、WHYに沿った事業や体験をDXによって実現する戦略が策定可能です。

### ◉それぞれのアプローチの特徴を生かす

　ここで注意していただきたいのは、「フォアキャスティングアプローチが悪、バックキャスティングアプローチが善」ではないということです。プロジェクトの粒度によっては、既存事業から逸脱したアイデアは必要なく、目の前の課題を解決すれば事業の成長に事足りるケースもあるからです。

　DXに取り組むにあたり問題となるのは手法ではなく、現在の業務改善のみに着目してしまうというマインドセットの部分です。企業にとって重要な成長戦略の一つであるDXは、先に述べた通り、金銭的投資や時間的投資に加えて人的投資も必要な、企業の一大プロジェクトです。

　そのような会社の未来に関わるプロジェクトであるにもかかわらず、既存事業の課題解決のみにフォーカスしていては期待した成果が得られず、DXそのものへの懐疑的な見方が広がってしまう、といったことにもつながりかねません。

　データ活用にも同様のことがいえます。ここでは、現状、デジタルマーケ

ティング以外にデータを取得できていない企業のケースを考えてみましょう。この企業は多様な消費者の価値観の変化に伴い、商材チャネルやコミュニケーションのタッチポイントを変化させ、お客さまの幸せにコミットするという目的を持っています。

この場合、企業が目指す世界における理想の顧客体験をバックキャスティングアプローチで描くことが適切でしょう。また、それに合わせてデータを活用するために、どのように最適なデータアーキテクチャ（ビジネスのニーズに合わせてデータを適切に収集・保持・活用するための設計）を整備すべきかをあらかじめ検討しておく必要があります。仮にこれを怠ってしまうと、新たなデータ活用のニーズが出てくるたびに、必要なデータの収集や統合、既存のプログラム改修を場当たり的に対応せざるを得なくなってしまいます。結果的に、顧客が望んでいる体験を提供できないといった、よくある失敗に陥る危険性があります。

こういった失敗に陥らず、本質的な目的を達成するためにはそれぞれのアプローチを適切に用いる必要があります。

◉フォアキャスティングとバックキャスティングの併用

我々は、データ活用を通じたDX戦略や事業のデザインに取り組む際に、フォアキャスティングアプローチとバックキャスティングアプローチの両方を採用しています。多くのプロジェクトで、フォアキャスティングとバックキャスティングの各アプローチにおいて導き出されるアウトプットのギャップをクライアントの経営層も含めて共有し、認識してもらいます（図1.2.4）。

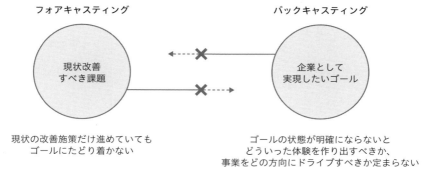

フォアキャスティング

バックキャスティング

現状改善
すべき課題

企業として
実現したいゴール

現状の改善施策だけ進めていても
ゴールにたどり着かない

ゴールの状態が明確にならないと
どういった体験を作り出すべきか、
事業をどの方向にドライブすべきか定まらない

どちらも並行して推進すべきケースがよくあり、両軸での検討が重要

▶図1.2.4 フォアキャスティングアプローチとバックキャスティングアプローチ

　フォアキャスティングアプローチとバックキャスティングアプローチを並行して行うことで、会社の中長期的な経営戦略と短期的な改善施策のギャップが明らかになります。また、事業部門の現場や経営層などの異なるレイヤーごとの視点とそれぞれの視点から導き出される戦略ごとのアクションに対する認識を統一できます。これにより、企業が本来目指すべきではない施策を実施したり、既存顧客のニーズにフォーカスし過ぎたりするような、本末転倒なアクションを防ぐことができます。

　次の1.3では、読者の皆さんが今後実際に直面する可能性のあるシチュエーションを設定しながら、DX推進や顧客体験のデザインに取り組む上でのアプローチについて考えていきます。

# 1.3 視点を デザインする

## そこにWHYはあるか？

　この1.3では、「DXを推進せよ」という会社からの要望に対し、ある社員が模索する物語を通じて、プロジェクトを始める上で何を考えるべきか、一緒に考えていただきたいと思います。会社からの曖昧な要望に対してどのように模索していくのかについて、ロールプレイをしてみましょう。なお、実際の事例をそのまま紹介することはできないため、ここでは虚実を織り交ぜて話を進めます。

. . . . . . . . . . . . . . . . . . . . . . . . . . . . . . . . . . . . . . . . . . . . . . . . . . . . . . . . . . . . . . . . . . . . . . . . . . . . . .

　町田は、頭を悩ませていた。地元を盛り上げるために、町田は大手SIerから地元のINCU（インキュ）ホテルのDX推進部長に転職したばかり。悩みの原因は、入社初日に社長から提示された、次のような期待である。

　「旅行支援が開始され、過去のお客さまに対してCRMや割引広告なども行ったが、なかなか予約が入らない。しかし、DXを推し進めリブランディングを行った隣県のDATAホテルは、連日満室が続いている。あのホテルはうちと施設も部屋のクオリティも大差ないのに、どうしてこのような差が出てしまったのか」「DXを通じて、当ホテルも生まれ変われると信じている。デジタル化について前向きな従業員が少ない状況ではあるが、事業全体の利益向上に向けて、君には期待しているよ」

　青天の霹靂であった。入社前の面談ではデジタル化を通じた既存業務効率化や、紙帳簿のデータ化、マーケティングの高度化といった、前職で経験したプロジェクトを推進する予定と聞いていた。このような、漠然とした経営課題も含めてDXで解決をするという話は聞いていない。加えて入社したばかりでホテル業への理解が乏しく、要件が定まったシステム構築以外に業務を行った経験がないことが、町田を不安にさせる。

　正直なところ、町田はお客さまの属性や過去行動データを分析し、個々のお客さまの想定行動パターンをもとに適切なタイミングで適切なコンテンツ

でコミュニケーションすることができれば、リピーターも売り上げも増えると思っていた。ホテル自体の価値やお客さまの体験については、考えたこともなかったことである。

「分かりました。まずは差分を把握するためにも、DATAホテルの視察および当ホテルの現状把握を進めます」

そう言い残して、町田は社長室を退室し、大きなプレッシャーと共に自席に着いた。

.......................................................................................

　ここであらためて状況を整理しましょう。町田氏は、業務効率化やデジタルマーケティングの高度化を目的としたDX推進の基盤となるシステム構築の旗振り役として入社しました。社長から指示された業務を進める上で考慮する必要があるのは、次の4点です。

- ◎ 既存顧客にアプローチするだけではホテル予約の増加につながらない
- ◎ ベンチマークとしているホテルはDXを推進したことで成功している
- ◎ その結果、社長はDXを推進すれば業績が回復すると信じている
- ◎ 一方で従業員はデジタル化について懐疑的である

　現時点では、このINCUホテルはDX推進のWHYが明確に決まっていません。経営状況が芳しくない中で投資が必要なDXを推進するには、従業員全体の共通認識となるWHYを定めることこそが、ビジネスを成功に導くために最短距離を進む道標となります（図1.3.1）。

　本ケースの場合、過去に行ったデジタル施策はいずれもうまくいっておらず、何が本当の課題なのか特定できていない状況です。そんな中、DX推進という魔法があれば全てが解決できると社長は信じています。

　残念ながら、データを活用したマーケティング施策だけでは、ホテル事業の長期的かつ持続可能な発展は望めないでしょう。競争力の源泉となる価値を設定、本質的な価値を創出することをDXのゴールとして設定することで（つまりWHYを設定することで）、初めてこのプロジェクトはスタート地点に立ったといえることになります。

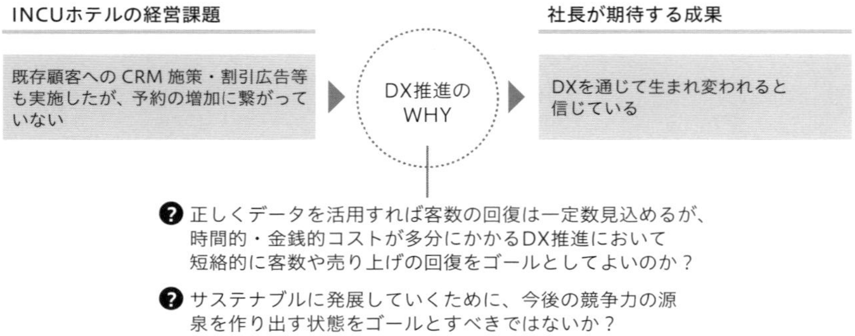

| INCUホテルの経営課題 | | 社長が期待する成果 |
|---|---|---|
| 既存顧客への CRM 施策・割引広告等も実施したが、予約の増加に繋がっていない | DX推進の WHY | DXを通じて生まれ変われると信じている |

❓ 正しくデータを活用すれば客数の回復は一定数見込めるが、時間的・金銭的コストが多分にかかるDX推進において短絡的に客数や売り上げの回復をゴールとしてよいのか？

❓ サステナブルに発展していくために、今後の競争力の源泉を作り出す状態をゴールとすべきではないか？

▶ 図1.3.1 DX 推進の WHY

## 売り上げだけがゴールではない

　次に町田氏がどのように WHY を設定していくのか、その過程を見ていきましょう。企業のパーパスは先述の通り、社会的な存在意義を表します。INCUホテルについても、企業が単体で売り上げを上げることだけを考えるのではなく、街の中でのホテルの位置付けや街との共存関係など社会との関係性を紐解いていくことが、パーパスの策定につながっていきます。

・・・・・・・・・・・・・・・・・・・・・・・・・・・・・・・・・・・・・・・・・・・・・・・・

　頭をリセットするために、町田は地元の街を散歩することにした。地元を歩くのも久しぶりである。

　地元は町田にとって、父親の長期海外赴任に伴い祖父のもとで過ごした思い出深い場所である。この街は都会のような刺激はなくとも、独特の食文化や数々の歴史的建造物があり、多くの観光客で絶えず活気づいていたのを覚えている。INCUホテルは、当時東京でもCMを流していたというほどに、この街の観光の中心であり、その活気を支える役割を果たしていた。

　当時を知る人間からすると見る影もないほど変容した街を見渡した町田は、かつて毎週のように通った飲食店が潰れていることに気づく。昔は地元の住人と観光客で毎日繁盛していた店もなくなっていた。

　街の中心に位置するINCUホテルがどれだけ街全体の活気と関係していたのかを目の当たりにした町田は、INCUホテルの社会的存在意義について熟考した。

・・・・・・・・・・・・・・・・・・・・・・・・・・・・・・・・・・・・・・・・・・・・・・・・

DXを手段として考えると、必ずしも企業単体の売り上げのみがゴールとはならないケースがあります。

　今回のケースでは、ホテルの売り上げと周辺環境（飲食店、観光名所）の間には強い相関があることが伺えます。INCUホテルの集客力の低下と、周辺の飲食業や観光業の衰退は相互に関連していたため、悪循環が加速し、街全体の活気がなくなっていました（図1.3.2）。

従来の考え方

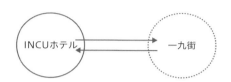

❶ ホテルと街は強い共存関係のもと成り立っているが、
　売り上げを向上させる観点ではホテル単体での検討が進むことが多かった

▶図1.3.2　従来の企業単体での成長の考え方

　企業として売り上げや利益の向上を目指すことは、ビジネス上当然のことです。しかし、行動や価値観の多様化が進んだ今の社会では、消費者のニーズも多様化しているため、一つの企業だけで持続可能な事業を展開し続けることは難しいと考えられます。INCUホテルにおいても、さまざまなステークホルダを巻き込み、社会への存在意義を定義した上で、それに向かうためのアクションの一部として、DXを推進する必要があります（図1.3.3）。

本ケースでのあるべき考え方

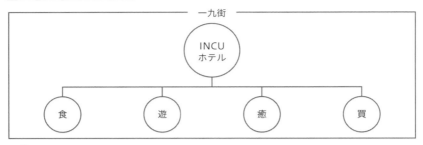

❗ ホテルと街は強い共存関係のもと成り立っているため、ホテルを中心に据え置きつつ、街全体の活性化について検討すべき

現状の売上回復に関してはホテルだけではコントロールできない要素が多い

▶図1.3.3 企業と社会の共存関係を意識した考え方

### ● 社会的課題解決も視野に入れたパーパスを策定する

　町田氏はINCUホテルの新しいパーパスを「ひとが、街が、笑顔で絶えない日々をつくる」と定義しました。INCUホテルが街で最大の集客装置としての強みを持ち、ハブとして街とお客さまをつなぐことができる独自性を持っていることに注目したのです。さらに、街全体の活気が失われつつあるという社会的課題の解決にまで視野を広げ、ホテル自体の成長と街の活性化

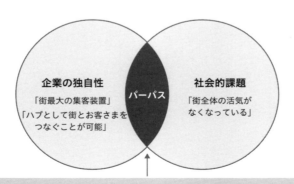

「ひとが、街が、笑顔で絶えない日々をつくる」

▶図1.3.4 INCUホテルのパーパス

という良い循環を生み出すことを目指しました（図1.3.4）。

　企業単独での視点ではなく社会全体での視点からパーパスを定めることで、既存事業以上のビジネスモデルを創出し、全く新しい体験を消費者へ提供することも可能となるでしょう。

## ユーザの声に耳を傾ける

　ここから、町田氏は現状分析のため、INCUホテルの顧客とDATAホテルの差分を把握する作業に取り掛かります。まずは、自社のデータから傾向を見つけることを試みますが、データ分析だけでは十分な示唆を得ることは難しいことがほとんどです。パーパスの実現に向けてどのような顧客体験を創っていくべきなのか、ビジネスの現場からは多くのことを学ぶことができます。

- - - - - - - - - - - - - - - - - - - - - - - - - - - - - - - - - - - - - - - - - - -

　町田は、過去の宿泊客の属性データを集計した自前のExcelシートを使い、INCUホテルの傾向を見つけようとしていた。ホテル近辺に世界遺産のような強い魅力があるわけではなく、立地的に電車やレンタカーでの周辺観光に優れているINCUホテルは、良い意味でも悪い意味でもお客さまの宿泊目的がはっきりしていない。

　目立った特徴は特にないという結果に至り、手詰まりとなった町田は、リフレッシュも兼ねて当初から予定していたDATAホテルへの宿泊に向かった。

　偵察のために訪れたDATAホテルは、部屋が特段豪華ということもなく、広さも限られているため、長居するには不向きである。

　一方、宿泊客を迎えるロビーは、宿泊客全員のリビングのような存在で、非常に広々とした空間が広がっていた。ゆったりとくつろぐ人もいれば伝統工芸を体験している人もいて、よく観察してみると外国人観光客と会話する人もいるなど、とても活気にあふれていた。

　一見すると、当ホテルとDATAホテルとの宿泊者属性には大きな違いはない。しかし、このホテルでは全員が同じ空間で混じり合いながら、楽しそうに過ごしているという点が大きく違う。宿泊客が共通して楽しめる場所や体験があるため、ホテルの宿泊客には表層ではなく深層の部分で共通点があると感じた。

そこで町田は、データだけでは特定できないインサイトを探るべく、何人かの宿泊客に直接話を聞くことにした。

........................................................................................

　データは魔法ではありません。データには種類がありますが、特に定量データについては注意が必要です。定量データは、ユーザの傾向を知る上で非常に有益ですが、なぜその選択をしたかという本質的な理由は、定量データだけでは判断できない場合があります。
　具体的には、本事例でいえば、定量データを使った分析は、次のような問いに対する答えを得るのに向いています。

- ◉ 今、どのような属性の顧客がよく利用しているのか？
- ◉ 逆に全く利用していない顧客はどのような属性なのか？
- ◉ 季節性と属性に傾向はあるのか？
- ◉ どのような価値が顧客満足度を高めているのか？
- ◉ 逆に顧客満足度が低い項目は何なのか？

　定量データを分析することにより、事業の良い点や課題となっている点を洗い出せます。把握できた数値をベースに、ボトルネックを改善するとどれくらいの収益が見込めそうかといった、将来の予測にも定量データを用いた分析は有用です（図1.3.5）。
　しかし、定量データによる分析はあくまで結果をもとにした手法であるため、なぜその結果に至ったのかという背景や理由については把握できません。そのため、定量データによる分析だけをもとにした戦略では現時点の課題に対する改善に留まり、本来目指すべき目標達成に向けた潜在的なチャンスや課題を見落とすリスクが存在します。
　次のような消費者の本質的なニーズや意思決定を分析するには、定性調査を通じて深掘りする必要があります。

- ◉ なぜその行動や購買を行ったのか？
- ◉ 逆になぜ行動や購買を行わなかったのか？
- ◉ 普段何に喜びを感じ、何に苦痛を感じているのか？

| | 定量分析 | 定性分析 |
|---|---|---|
| 概要 | 定量的な数値データをもとに行う分析手法 | 定性的な非数値データ（言葉・行動）を<br>もとに行う分析手法 |
| 目的 | 「現状」の把握・評価、強み・弱みの特定<br>過去の実績をもとにした将来の予測 | 数値化できない感情や理由等々から<br>強み・弱みの「要因・原因」を特定 |
| 場面 | ●どのような属性の顧客が購買しているか<br>●いつ、何の商品が上記属性ごとに売れている<br>　／いないか<br>●顧客体験のどこでユーザが離脱しているか<br>●トレンドが継続するか、将来の販売需要がど<br>　の程度か 等 | ●「なぜ」その商品を購買している／いないか<br>●「なぜ」購買をやめたのか<br>●何がCX・EXの1番の課題になっているか<br>　等 |
| 手法 | ●属性・購買情報等によるクラスター分析<br>●上記クラスターとユーザ行動を掛け合わせた<br>　クロス集計<br>●上記集計の相関性・回帰性の分析<br>●どの要素が収益に影響を与えるかの感度分析<br>　等 | ●対象者に詳しく話を伺うグループインタビュ<br>　ー、デプスインタビュー<br>●ユーザと一定期間行動を共にするエスノグ<br>　ラフィー調査<br>●顧客として来店し、調査項目に従って確認<br>　するミステリーショッパー調査 等 |

▶図1.3.5 目的に合わせて定量分析・定性分析を選択

　エスノグラフィ調査やデプスインタビューといった定性調査およびそれら
をもとにした定性分析を通じて、定量データでは（本書執筆時点のテクノロ
ジーでは）特定できない潜在ニーズを特定したり、消費者が物事を選択する
理由や背景を特定したりすることが可能になります。

## 良い「サービス」が良い「体験」ではない

　定量分析と定性分析を使いながら顧客ニーズや課題を特定し、次に具体的
な対策へと進んでいきます。ただし、目に見える課題を解消しても必ずしも
根本的な課題解決には至らないケースも存在します。ここでは町田氏のケー
スに加え、実在企業のDXとして進められた失敗例を見ていきます。

DATA ホテルに宿泊して、定量データではとらえられない気づきがあることを確信した町田は、INCU ホテルが今提供している価値やサービスとユーザニーズが乖離していないかを検証することにした。具体的には、お客さまと日々接点を持つホテルスタッフにヒアリングし、気になることやお客さまからの要望を集約した。その中で、いくつか気になる点が出てきた。

● 宿泊客数に対して、朝食会場に来る方が少ない日がある。
● スマート TV でのルームサービスと、フロントが内線で受け付けるルームサービスが連動しておらず、現場が混乱し、お客さまにご迷惑をかけることがある。

元々、INCU ホテルは無料朝食を提供していなかったが、評価が低かったお客さまの要望を取り入れ、一昨年から提供している。しかし、利用者は多くないようだ。

スマート TV はフロントの業務過多を低減する目的で全部屋に導入した。しかし、全てのサービスをスマート TV で頼めないこともあり、フロントへの電話は減少していない。しかも注文データはサービス部門にのみ伝達されるためフロントとの連携が取れず、重複してしまったり、部屋に複数回訪問することになったりと、現場のフラストレーションが溜まっている。

現場の要望や課題を解決するためのサービスが、お客さまや従業員の満足度を向上すると思っていた町田は、それらが必ずしも根本的な課題の解決とならないことに気づいた。

1.2 でも触れた通り、企業目線の商品やサービスを提供しても、消費者が必ずしもそれを望んでいるわけではありません（図1.3.6）。

また、おもてなしの精神は日本が誇る価値ですが、情報や体験が煩雑になりやすく、消費者にとって価値がないものも存在します。その結果、労働生産性が低下し、本来授受すべき価値に注力できず、消費者や従業員にとって好ましくない結果につながるリスクがあります。

**ホテル従業員から見た際にこんなことをしてあげたら
お客さんは喜んでくれるのでは、というアイデアベースの思考**

- 朝食が自由に選べて、美味しく、豪華だったらきっと嬉しいだろう！

- お客さまからの要望を全てフロント内線で受けているので、スマートTVでの受付システムを導入しよう！繁忙時に電話がつながるまで待つこともなくなるし、お客さまにとっても良いはずだ。

ホテル側の思考

▶図1.3.6　ニーズと課題を鵜呑みにしたサービス

　顕在化した課題に注視するあまり、本質的に解決しなければならない問題が悪化することもあります。今回の例でいえば、フロントスタッフの業務過多という「点」にフォーカスして改善したため、ルームスタッフを含めた業務フローの改善がおざなりになったといえます。従業員全体で考えると体験価値が低下し、本来提供するはずだったスムーズでスマートなルームサービス体験の提供に失敗してしまったという結果になりました（図1.3.7）。

**ホテル従業員から見た際にこんなことをしてあげたら
お客さんは喜んでくれるのでは、というアイデアベースの思考**

- 朝食が自由に選べて、美味しく、豪華だったらきっと嬉しいだろう！

→　宿泊者の数に対して利用率が低い

- お客さまからの要望を全てフロント内線で受けているので、スマートTVでの受付システムを導入しよう！繁忙時に電話がつながるまで待つこともなくなるし、お客さまにとっても良いはずだ。

ホテル側の思考

→　・全ての問い合わせには対応していないため、フロントへの電話は減少していない。
　　・フロントが受理したリクエストとシステムが連動しておらず、現場は混乱している。

▶図1.3.7　ニーズと課題を鵜呑みにした結果

　この「点」による改善は、多くの企業でDXがうまく進展しない一つの原因になっています。DX黎明期に多くの企業が取り組んだ、経理データの一

元管理システムを例に考えてみましょう。

　ある企業では、各部署から経理部門に上がってくるデータのフォーマットが統一されておらず、形式もExcelのデータから紙によるものまでバラバラでした。このような状況では、毎月の定常業務であっても思うように効率化はできません。また、顧客管理システムなど特定の部署だけが使用しているシステムもあり、フォーマットが統一できない原因になっていました。

　そうした中、経理担当者はデータの受け渡しの催促や紙帳票からのデータの手入力作業、レポートフォーマットに合わせたマクロの構築などに膨大な時間と労力を費やしていました。こうした無駄を省くため、各担当者が全ての帳票を同じフォーマットでシステムに入力し、自動的にレポートが作成できる一元管理システムを導入しました（図1.3.8）。

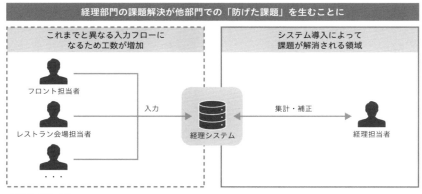

▶図1.3.8 　部分的な改善の功罪

　経理担当者の視点では、従来の非効率的な業務と手間が一元管理システムによって解決されました。

　しかし、他の担当者にとっては、新たな問題が発生しました。これまでの紙帳票や顧客管理システムでの作業はそのまま残されたため、経理システムの導入によって同じ内容を再度入力する作業が追加されただけだったのです。当然、その分の時間と労力が必要となり、本末転倒な結果に終わってしまいました。

●常に全体最適を意識する

　本来解決すべき課題は各部署の担当者も含めた経理業務全体であり、それを解決するためには関係者が共通認識を持った上で、改善策を実行していくことが必要です。全体課題を解決する指針が明確になっていれば、先の経理システム導入で起こったような失敗を防ぐことができます。

　顧客体験の向上にも、単に顧客が望むことだけを考えるのではなく、それを実現するために必要な従業員の体験も含めた全体像を見ることが重要です。「点」ではなく「面」で見ることで、良い顧客体験を提供するための具体策を生み出すことができます（図1.3.9）。

▶図1.3.9　全体課題と解決指針

　本節では、町田氏の事例を通じて、ビジネスを変革するために必要なさまざまな視点を紹介しました。続く1.4と1.5では、これらの視点を踏まえて、顧客体験や従業員体験の向上を目指すプロジェクトの進め方を体系的に説明していきます。

# 顧客体験価値を
# デザインする

## 顧客体験価値創造プロジェクトの全体像

　本節では、顧客体験価値の創造という目的を達成するため、データ活用の前段として取り組むべきタスクを説明します。

　顧客体験価値の創造に際して重要なポイントは、企業のパーパスと一貫性を保ったものを策定することです。そのためには、パーパスを構成する重要な要素の分解を行った上で、プロジェクト従事者が立ち戻る基準として、行うこと・行わないことを定める必要があります（デザイン基準の策定）。

　デザイン基準を定めた上で、顧客が解決したい本質的課題を発掘します。ここでは1.3でも触れた定量分析・定性分析を行い、消費者の深層心理を探り、本質的に解決すべき課題を導き出します（顧客理解）。

　解決すべき本質的な課題が定義できたら、その課題を解決するための価値を定義します（価値定義）。収益性を担保する必要がある以上、競合を加味したポジショニングも検討する必要があります。

　また、価値定義後に、すぐに顧客体験の正式な開発に移行することは非常にリスキーです。価値定義後に実施すべきは、その定義が顧客の課題を解決しているかどうかを検証する作業です。そのために、まずプロトタイピングを行います（プロトタイピング）。

　最後に、企業が提供する顧客体験によって顧客の利得を増大しボトルネックを払拭できたか、また、持続可能なビジネスとして成立するか、運用上の懸念はないかを客観的な数値で評価します。この客観的数値が、始めに定義したデザイン基準を満たしているか否かを検証します（検証）。

　以降では、1.3のホテルの事例を交えつつ、デザイン基準・顧客理解・価値定義・プロトタイピング・検証の各プロセスを実践する際の考え方や実際のタスクについて説明します（図1.4.1）。

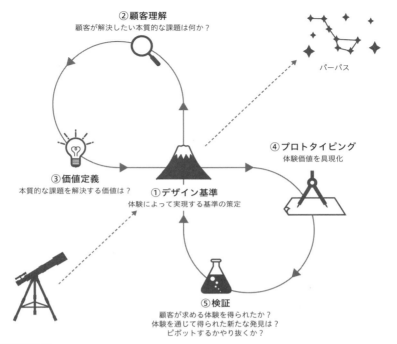

② 顧客理解
顧客が解決したい本質的な課題は何か？

パーパス

④ プロトタイピング
体験価値を具現化

③ 価値定義
本質的な課題を解決する価値は？

① デザイン基準
体験によって実現する基準の策定

⑤ 検証
顧客が求める体験を得られたか？
体験を通じて得られた新たな発見は？
ピボットするかやり抜くか？

▶図1.4.1　顧客体験具現化の流れ

## デザイン基準を策定する

　パーパスを因数分解し、自社が提供する顧客体験価値において行うこと・行わないことを明確にします。

### ● パーパスの因数分解

　体験設計の拠り所となるデザイン基準を定義するには、パーパスを実現する上での重要要素＝KSF（Key Success Factor）に分解し、体験で担保すべき要素を把握することが必要です。

　1.3のケースで考えてみましょう。町田氏はINCUホテルのパーパスを、「ひとが、街が、笑顔で絶えない日々をつくる」と定義しました。

　これを因数分解すると、

### ● 顧客＆地元の方々双方への利得を担保

◉街全体の経済効果の担保

◉共同で容易に持続可能な運用を支える仕組み

を実現することが、顧客体験価値の提供および収益化するために不可欠な要素と整理できます（図1.4.2）。

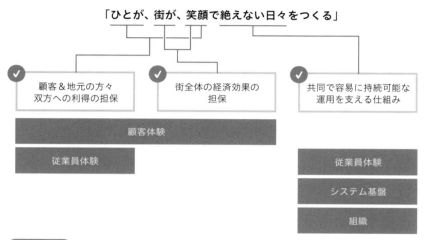

**▶図1.4.2** パーパスの因数分解

　KSFに因数分解する際の留意点は、提供する価値や顧客体験だけではなく、それらを実現するために必要なデータ・組織・システムなどの環境も含めて分解し、アクションに落とし込めるようにすることです。一般的に、パーパスを因数分解しKSFを定める過程では、顧客体験設計以外のデータ環境や組織といったバックエンド側は切り分けて考えられがちですが、顧客体験設計のみならず、バックエンド側も常に検証し、データ基盤やシステム基盤、体制や組織を含めた改善が不可欠です。

### ◉デザイン基準の策定

　企業としてのパーパスを定義し、そのパーパス実現に向けたKSFを分解した後は、デザイン基準を定めていきます。デザイン基準では、次の要素を決定します（図1.4.3）。

- ◉Must：議論の余地なく、必ず実行すること
- ◉Should：必須ではないが、重要なこと、推奨項目
- ◉Could：ゴールの実現には直接関係ないが、可能であれば入れたいこと
- ◉Won't：議論の余地なく、絶対に行わないこと

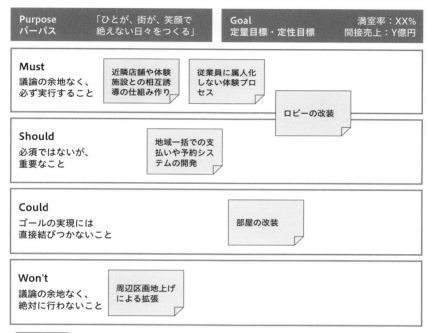

▶図1.4.3 デザイン基準

　残念ながら、このデザイン基準に沿った要素評価をしないまま進行するプロジェクトが多いのが実情です。結果、出てきた要素を全て含んでしまい、どのような課題を解決する価値なのかが消費者に伝わらない、全体で俯瞰して見たときに、企業理念に沿っていない価値や顧客体験になってしまう、などの失敗が発生してしまいます。

　このタスクをプロジェクト責任者単独で行うと、デザイン基準のマッピングをする際にMustやShouldが多くなる傾向にあります。社内の各部門やさまざまな役職者も含めて議論することで、特定の意見に偏り過ぎることなく、本質的に必要な要素のみを抽出することが可能です。またこのデザイン

基準を策定するワークで大事なことは、絶対に行わないこと（Won't）を明確にすることです。プロジェクトのゴール、ひいては企業としてのパーパスに紐づかない事柄を今後の議論から完全に排除します。そうすることで、プロジェクトメンバーの目線を統一し、立ち戻りのリスクを低減します。

　また、必須ではありませんが、このプロジェクトにおける定量・定性目標も併記しておくことを推奨します。以降に実施する顧客理解、価値定義、プロトタイピング、そして検証後と、このデザイン基準との照合を複数回にわたり実施します。仮に齟齬が生まれた場合は、当初のデザイン基準に立ち戻ります。その際、定量・定性目標を確認できると、実現可能性も含め、有意義な議論が実施できます。

　特に、デザイン基準と顧客理解のプロセスは、企業視点と顧客視点のギャップが生まれやすいため、何度も相互に行き来することがあります。しかし、齟齬を確認し立ち戻れることは、適切な思考ができている証拠です。初めは気負わず、各プロセスで積極的にデザイン基準と反復することを推奨します。

## 顧客の課題を調査し発見する

　本項では、企業目線に偏った課題設定ではなく、顧客が解決したい本質的な課題設定をするための、顧客理解のプロセスについて記載します。

### ◉定量・定性データを用いた課題設定

　顧客体験における課題設定を実施する際には、定量・定性の両データを用いる必要があります（図1.4.4。1.3参照）。

　しかし、多くのプロジェクトで顧客体験における課題設定を蔑ろにしているケースが散見されます。「今は顧客行動の定量データがないから仕方がない」と諦めてしまい、それまでの経験や、現場の勘を頼りに「おそらくこれが課題である」と決めて進めてしまうケースも多く存在します。

　現状で行動データを取得できていなかったとしても、お客さまの行動を観察することで見えてくる行動パターンや、喜び・不満を感じている対象を把握することも立派なデータとなります。

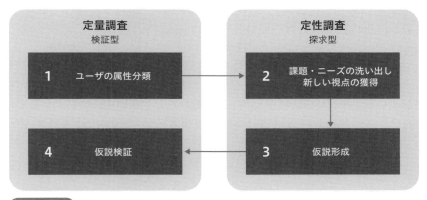

▶図1.4.4 調査の種類と役割

　定量的な顧客データが現時点で取得できていない、または、限定的な情報しか取得できていなかったとしてもよいのです。定性データを活用するというマインドセットと、データを取得するための定性調査の知識・経験（または調査パートナー）さえあれば、走り出すことが可能です。

●ヒアリングを通じてジョブを明らかにする

　実際に我々も顧客体験価値創造のプロジェクトでは、クライアントのデータ活用環境や状況の如何にかかわらず、実際の顧客（まだ顧客が存在しない新規事業の場合は想定顧客）や従業員などのあらゆるステークホルダへのヒアリングを行います。

　ヒアリングを通じてのみ把握できる顧客・従業員体験における心情を整理することで、結果である行動データからは見えない、選ばれなかった理由となる「ペイン（＝不満や不便なポイント）」を特定することが可能です。

　また、ヒアリングで重要な点として、課題となるペインだけではなく体験を通じて嬉しくなること、「ゲイン」の把握も挙げられます。

　人間の習性として、ついボトルネックを明確にして改善することにフォーカスしがちです。しかし、顧客がその体験を選択する理由は、体験を通じてほかでは享受できないゲインが存在するからです。いかにペインを取り除いたとしても、心が高まるゲインがなければ顧客から選ばれることはありません。ペインとゲイン双方を確認することで初めて、本来の実現したいことである「ジョブ（成し遂げたい目的）」が明らかになります。

クレイトン・クリステンセン氏が提唱したジョブ理論[4]では、ミルクシェイクの事例が非常に有名です。

　この事例では、顧客の嗜好に合わせるため、アンケートをもとに回答者のフィードバックに応えるいくつかの施策を実行してみたものの、目立った共通事項や特徴がなく、全く成果が出ていなかった企業が紹介されています。そこで、プロジェクトチームが顧客行動を観察した上でヒアリングを行った結果、

- 朝の通勤者は「退屈しのぎ」というジョブを片付ける
- 夕方の父親は「やさしい父親の気分を味わう」というジョブを片付ける

といった目的で顧客はミルクシェイクを購入していることが判明しました。本事例は、安価で、さまざまなフレーバーを選択でき、量が多ければ顧客に選ばれるわけではないことを理解させてくれる好例です。

### ● 極端な視点から気づきを得る

　1.3のINCUホテルのケースにおけるジョブとは何かを考えてみましょう。

　過去の宿泊帳簿をもとに、宿泊者属性の傾向を把握することで顧客ニーズの探索を試みたものの、特徴的な傾向や共通事項が見出せませんでした。ここで「特徴がない。主だった共通事項がない」で止まってしまうのか、同じく属性データ上の共通要素が存在しなかったミルクシェイクの事例のように「観察」や「ヒアリング」で補完しようと考えるかが、顧客体験価値創造における最初の分岐点になります。ただし、顧客属性や行動データを活用し、共通要素や特徴量の検出、およびヒアリング対象となるセグメント特定は可能な範囲で取り組む必要があります。

　その上で、前述の通り顧客が行動した、または行動しなかった理由について、本質的に達成したいジョブの特定、さらにはユーザすら気づいていない深層心理を特定するために定性調査を行いましょう。

　ここで留意したい点は、定性調査の選定対象です。選定対象として、購入

---

※4　クレイトン・M・クリステンセン、タディ・ホール、カレン・ディロン、デイビッド・S・ダンカン 著、依田光江 訳『ジョブ理論 イノベーションを予測可能にする消費のメカニズム』（ハーパーコリンズ・ジャパン、2017）

や体験を頻繁に行うヘビーユーザが挙げられがちです。ヘビーユーザには、一見すると平均的なユーザと比べ新たな視点を与えてくれるかのような印象があります。ただし、両者には、頻度や金額の濃さはあれども、消費者自身が認識できている顕在課題を解決するために購入しているという事実に変わりはありません。結果として、ヘビーユーザは、平均的なユーザに比べニーズが色濃く出ているだけという結論に至るケースが多々あります。これでは、前述したジョブや深層心理の特定には至りません。

では、どのような方を対象に定性調査を実施するべきなのでしょうか。ヘビーユーザ、平均的なユーザと併せて、エクストリームユーザも対象に加えましょう。ここで言うエクストリームユーザとは、

1. 極端な行動パターンの方々
2. 極端な課題認識やこだわりを保有する方々
3. 極端な環境下で生活する方々

を指し、さらにその中で、

（ア）ポジティブなエクストリームユーザ
（イ）ネガティブなエクストリームユーザ

に分類されます（図1.4.5）。

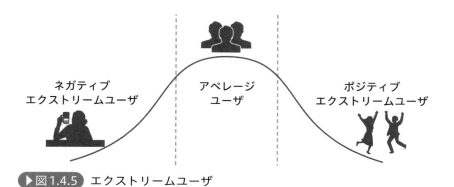

▶図1.4.5 エクストリームユーザ

今回、INCU ホテルのような旅行・宿泊に関するデザインの調査ケースをブレイクダウンしてみると、次のように分類できるでしょう。

1. 極端な行動パターンの方々とは、
   （ア）毎週のように旅行に出かける人
   （イ）人生でほぼ旅行に出かけたことがない人
2. 極端な課題認識やこだわりを保有する方々とは、
   （ア）ラグジュアリーホテルにしか宿泊しない人
   （イ）最安値のホテルにしか宿泊しない人
3. 極端な環境下で生活する方々とは、
   （ア）時間とお金にゆとりがあり、自身の意思のままに予定が組める人
   （イ）不定休で自分の意思で予定を組めない人

一見すると、あまりにも既存ターゲットとかけ離れており、意味がないと思う方もいらっしゃるかもしれません。しかし、このようなエクストリームユーザは、既存ターゲットにはない新たな価値観や、固定概念から外れた気づきを提供してくれます。

◉定性調査結果からインサイトを導く

定性調査におけるユーザインタビューは、適切な設問設計とヒアリング作法が重要となります。意図せずユーザを企業が求める結果に誘導してしまったり、Yes・No で回答できるような設問設計を行ったりするなど、多くの企業が陥りがちな罠が多数存在します。

また、深層心理を引き出すためには、適切な情報を引き出せるように促すこともポイントになります。実際の例を尋ねたり、詳細を深掘りしたりすることで、より具体的な回答を得られます。他にも、身振りや表情から本音を汲み取って質問を重ねたり、より積極的に回答してもらえるように興味関心を持って聞いている姿勢を示したりするなど、インタビューのスキルが必要とされることにも注意を払いましょう（図1.4.6、図1.4.7）。

Aさん

- 文化理解やハンズオンが目的
- 料理教室や相撲体験に子どもが参加できてよかった
- 地元の人にローカルのおすすめを聞いて参考にする

- 近くの温泉とか近くのコインランドリーを使えると嬉しい
- Googleで見つかるような体験はしたくない
- 偶然の出会いを期待している

Bさん

Cさん

- 誰かに話したくなるような場所に泊まりたい
- 正直、マニュアル通りの接客にうんざりしている
- 人とつながりたいときもあるし、一人で籠りたいときもある

▶図1.4.6 定性調査結果例

せっかくだから、いつもと違うことがしたい

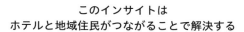

- ローカル体験がしたい
- 地域住民と交流がしたい
- Googleに出てこない情報が知りたい

このインサイトは
ホテルと地域住民がつながることで解決する

▶図1.4.7 INCUホテルのターゲットが抱えるジョブとインサイト例

　定性調査から深いインサイトを得るためには相応のスキルや経験が必要です。そのため、プロジェクトの目的と定性調査結果をどのように活用するのかを明確にした上で、外部の調査会社やコンサルティングファームを活用することも一案です。

## 課題解決につながる価値を定義する

次に、定量分析・定性分析を通じて導出したインサイトに対して、提供すべき顧客体験価値を定義します。

### ◉ ポジショニングマップの定義

前項までの通り、企業が定めたパーパス実現に向け、まずは顧客体験で担保すべき要素を定義することが大前提になります。その上で、さらに必要となるのが、競合や既存サービスにはないユニークネスの確立です。

これは、今までにない、新しい価値を創出することのみを指すのではありません。自社サービス・製品が、エリアや属性、チャネルや価格といった点で、競合他社のそれとは異なる特徴を持つのであれば、ユニークネスは担保できていることになります。しかし、仮に全ての特徴が競合と同じ中で同じ価値を提供しても、限られた潜在顧客の取り合いとなってしまいます。その場合は、価値の見直し、またはユニークネスを担保する因子を探す必要があります。

また、仮に独自のポジショニングが定義できたとしても、前段で整理した企業が実現すべき要素と乖離していては、その企業が提供する意義がなくなってしまいます。具体的な体験価値が企業として担保すべき要素と連動しているかについては、常に意識し以降のアクションで立ち戻れるようにすることが重要です（図1.4.8）。

ポジショニングマップを定義する上では軸の選定が肝要です。企業として持ち合わせている独自性や、顧客が意思決定する上での重要要素をベースとして考えることが一般的です。

今回のケースでいえば、INCUホテルは、地域活性化のドライバーとして、顧客と街をつなぐハブになり、経済効果だけではなく、人々を楽しませる体験を提供することが求められています。この前提で検討すると、現在の部屋などのファシリティは高規格で伝統があり、強みの一つといえるでしょう。

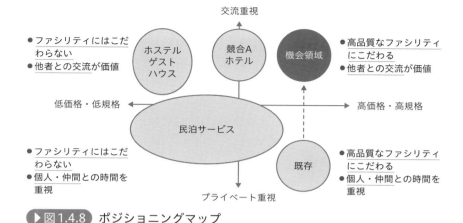

交流重視

- ファシリティにはこだ
わらない
- 他者との交流が価値

ホステル
ゲスト
ハウス

競合A
ホテル

機会領域

- 高品質なファシリティ
にこだわる
- 他者との交流が価値

低価格・低規格

高価格・高規格

民泊サービス

- ファシリティにはこだ
わらない
- 個人・仲間との時間を
重視

既存

- 高品質なファシリティ
にこだわる
- 個人・仲間との時間を
重視

プライベート重視

▶ 図1.4.8 ポジショニングマップ

その上で、競合のポジショニングをマッピングしてみます。そうすると、地域の文化体験などをフックに顧客と地域住民の交流を促すという価値は、INCUホテル独自のものであることが判明しました。このように自社のみが提供できる価値、かつ企業としてのゴールと連動した、独自のポジショニングを定義できます。

## プロトタイピング – 顧客体験価値の具体化

顧客体験価値の大枠が決定した後は、実際にその価値を提供するプロダクト・サービスの具体化へと移行します。発掘した顧客のジョブを達成したいと考えた際に、何がそれを高めてくれるのか（ゲイン）、逆に何がそれらを阻害するのか（ペイン）について、ヒアリングで出てきた事柄をベースにしつつ、プロジェクトメンバーで議論し、整理していきましょう。

この体験価値の具体化タスクでは、次の二点が大切なポイントです。

1.一人で考えないこと
2.企業側の視点を忘れること

一点目として、複数人でタスクに取り組むことが重要です。一人だけで進めてしまうと、どうしても個人の価値観のみに従って考えてしまいがちです。そうすると、いつのまにか消費者のジョブではなく、担当者としての視

第1章　目指すべき顧客体験を設計する

65

点が色濃く出てしまいます。

　そのため、体験価値の具体化については、ワークショップ形式で行うことが推奨されます。その際も似たような価値観に偏ることを防ぐため、多様なメンバーで実施することが重要です。INCUホテルのケースであれば、プロジェクトを推進するメンバーだけでなく、実際にお客さまと接するホテルスタッフ、バックオフィスなどの別部門の社員、経営層を含めて取り組むのが適切です。

　二点目として、企業側の視点を排除し、客観的に考えることが重要です。この段階で企業としての主観的な思考、例えば収益性の観点を持った上で進めてしまうことは避けねばなりません。事業者側の視点を持ち込むことで、企業の思惑に対して、後付けで消費者の視点を当て込んでしまうことになります。結果的に、消費者にとっては意味のないサービス・プロダクトが生まれることにつながりかねません。

　会社を出れば、皆さんも一消費者であることは変わりません。消費者の視点に立つことで、普段は見えていない本質的な価値に気づけるのではないでしょうか。

● 価値提案キャンバス

　次に、実際に顧客体験価値の具体化を進める際には、アレックス・オスターワルダーにより提唱された価値提案キャンバスというツールが有用です（図1.4.9）。価値提案キャンバスとは、企業が顧客に提供する価値を明確にした上で、最終的にどのようなサービス・プロダクトを用いた顧客体験を提供するのかを整理するフレームワークです。

　価値提案キャンバスは、主に以下の要素から構成されています。


　1. 顧客ニーズ：
　　①顧客が本質的に解決・実現したいこと（ジョブ）
　　②顧客が得たい利得（ゲイン）
　　③顧客が抱える悩み（ペイン）
　2. 提供価値：
　　①顧客に提供するプロダクトやサービス
　　②顧客の利得を増やすコト・モノ（ゲインクリエイター）
　　③顧客の悩みを取り除くコト・モノ（ペインリリーバー）

- 顧客のゲイン（嬉しいこと）とペイン（嫌なこと）を深掘りすることで顧客のジョブ（実現したいこと）が見えてくる
- これらのインサイトからプロダクトを発想すると「自社だけが提供できる価値」の実体が姿を現す

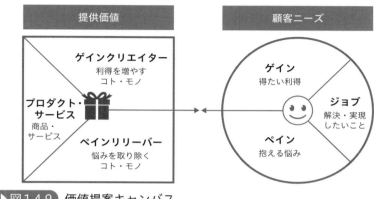

▶図1.4.9 価値提案キャンバス

　顧客のニーズと、それと対比する形で顧客への提供価値を整理・可視化します。これにより、顧客と企業の考える価値のズレが発生することを防ぎ、顧客にとって意味のあるサービスやプロダクト、それに紐づく顧客体験を提供することが可能となります。

　価値提案キャンバスの各要素は、次のような対応関係になっています。

①ジョブ ⇔ ⑥プロダクト・サービス
②ゲイン ⇔ ④ゲインクリエイター
③ペイン ⇔ ⑤ペインリリーバー

　顧客ニーズ（①、②、③）を可視化した後に、顧客の利得を増大させ（④）、悩みを解消する（⑤）、最後にプロダクト・サービスを定義する（⑥）、という流れで進行します。

　実際にINCUホテルのケースで検討すると、次のように整理できます（図1.4.10）。

①顧客が達成したい課題＝ジョブを、「旅行先で他では体験できないことに挑戦したい」と定義します。

②顧客が達成したいジョブを実施することで顧客が得る利得＝ゲインは、「旅行先における、未知の情報を得る」や、「さまざまな人々と触れ合う機会」などが考えられます。

③逆に、ジョブを解決する上で顧客の悩みとなること＝ペインに関しては、「その体験を選択することが、顧客自身に本当に合っているか」などが考えられます。

④「地元の素晴らしい一面を知る、地元アドバイザーからのレコメンド」によって、②の「旅行先における、未知の情報を得る」や「さまざまな人々と触れ合う機会」を増大させます。

⑤「顧客の過去の行動や、嗜好性データをもとに、興味のあるジャンルやこだわりを可視化する」ことで、③の「その体験を選択することが、顧客自身に本当に合っているか」の悩みを解消します。

⑥①の「旅行先で他では体験できないことに挑戦したい」を実現する、「宿泊顧客が求める最適な体験を、手間要らずですぐに実現できる場」をホテルが提供します。

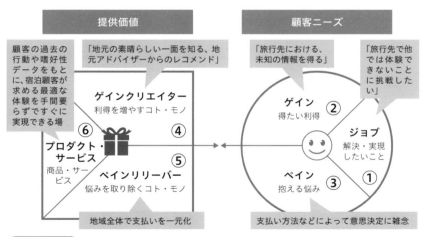

▶図1.4.10 価値提案キャンバス（INCUホテルのケース）

価値提案キャンバスを整理する上で気を付けたい点は、④ゲインクリエイターと⑤ペインリリーバーを事業者側の視点に偏ることなく検討することです。

初めから複数の課題を解決する視点で考えてしまうと、どの要素が最も本質的なのか曖昧になってしまいます。このタスクではシンプルに進行することが鍵となります。

皆さんも消費者の視点で「自分だったら○○されたら嬉しい」「××があればイライラしない」といったアイデアも積極的に出していきましょう。ワークショップのファシリテーターは、消費者としての意見を出してくれそうな参加者からは、積極的に意見を引き出しましょう。

## ● 顧客体験の設計

具体的な体験価値の要素が定まった後は、実際にそれらを組み合わせて体験を設計します。この段階ではデザインの基準と提供価値の要素について、全員の共通認識が揃っている状態となります。そのため、ワークショップのみならず、各自のワーク形式で検討しても認識齟齬が生じるリスクは低いでしょう。プロジェクトオーナーから領域ごとにメンバーにタスクを分配する方法でも進められるでしょう。

ここまでの議論で決定されたプロジェクトのゴール、企業としてのデザイン基準、消費者が本質的に求めている価値と照らし合わせ、ズレがないかを確認しながら、顧客体験のアイディエーションを実施しましょう。その際は、持続可能なビジネスとして成立させるために、この顧客体験が事業に対してどのようなインパクトを与えるかを考慮して設計することが重要です。

INCUホテルの例で考えてみましょう。顧客が求める「旅行先で他では体験できないことに挑戦したい」というジョブを前提に検討します。まず、支払いを考慮してお店や体験を選択せねばならないというペインを解決するために、支払いの一本化を図ります。

具体的には、地域の店舗での購買や体験のたびに日本円の現金で支払うという不便な体験を、顧客のルームキーの提示だけで完了する体験に変更することにしました。これにより支払いについては最終的にまとめてホテルで一度決済するだけのシンプルな体験に集約され、国内各地からの顧客はもちろん、インバウンド観光客の支払い方法の煩雑さを原因に取り逃がしてしまう可能性のあったビジネスチャンスを確保することで、本プロジェクトの「地域の文化体験と他者との交流を促進する」という目的が達成できます。加えて、顧客行動データの取得や手数料収入といった事業としてのメリットも念頭に置く必要があります（図1.4.11）。

| インサイト | 顧客体験 | ホテルの便益 |
|---|---|---|
| 電子決済に非対応のお店では、旅行者が十分な現金の円を保有しておらず「買ってもらえない」事態が多発 | ホテルが提携している食事・ショッピング・体験での支払いを集約しチェックアウトでまとめて通貨を問わず決済できる | 地域全体が活性化することで観光客が増える<br>手数料による収益が見込める |

**❶** 滞在中のホテルでの体験や、地域での体験については都度支払うのではなく、ルームキーを提示するだけ

  CASHLESS!   CASHLESS!

旅行者

**❷** ホテルで
まとめて決済

旅行者　　　　　　ホテル
まとめ決済

▶ 図1.4.11　体験の具体化例①

　ゲインを増加させる方向性として、地元のプロであるローカルアドバイザーをホテル側で認定するのもよいでしょう。彼らは、旅行者自身では発見できないような隠れた魅力を嗜好性に合わせて提案します。これによって、他では体験できないユニークな顧客体験の機会を増やし、地域全体の振興に寄与できるでしょう（図1.4.12）。

| インサイト | 顧客体験 | ホテルの便益 |
|---|---|---|
| 自分からローカル界隈に飛び込む勇気はないけれど、声を掛けてもらえたら入ってみたい | ローカルアドバイザーが旅行者の個性に合った体験や地域住民を紹介し紹介を受けた人もまた次を紹介し「紹介の連鎖」を引き起こす | 地域全体が活性化することで観光客が増える<br>地域との関係性が向上し助け合いを誘発 |

**❶** ローカルアドバイザーが
地域住民へ紹介

旅行者　　　ローカル
アドバイザー

**❷** 紹介先では、地元の人
のみが知る名物を賞味

旅行者　　　　紹介先

**❸** 紹介先が
また次を紹介

旅行者　　　　紹介先

▶ 図1.4.12　体験の具体化例②

また、上記はコアとなる顧客体験価値の提供に留まりません。各旅行者が実際に紹介された体験を実施したのか否か、顧客満足度がどのように変化したのかといった、ホテル単体では提供できない価値と宿泊属性をクロス分析しマーケティングに活用することが可能です。加えて、支払いの一元管理と合わせて分析をすることで、購買行動までの導線を把握することにもつながります。

　ビジネスに寄与する顧客体験とは、必ずしも企業単体で成立する必要はありません。一つの顧客体験価値だけで評価するのではなく、INCUホテルのように、地域を巻き込んだ一連の顧客体験を「連動する面」としてとらえ、顧客のニーズを解決し、結果ビジネスに寄与するケースも存在します（図1.4.13）。

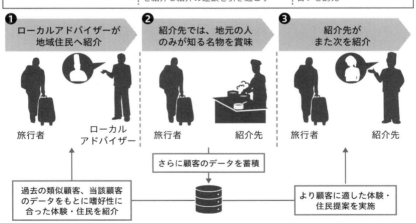

| インサイト | 顧客体験 | ホテルの便益 |
|---|---|---|
| 自分からローカル界隈に飛び込む勇気はないけれど声を掛けてもらえたら入ってみたい | まとめ決済施策で取得したデータをもとに個々人の嗜好に合った体験や地域住民を紹介。紹介を受けた人もまた次を紹介し紹介の連鎖を引き起こす | 地域全体が活性化することで観光客が増える<br>地域との関係性が向上し助け合いを誘発 |

❶ ローカルアドバイザーが地域住民へ紹介

旅行者　　ローカルアドバイザー

❷ 紹介先では、地元の人のみが知る名物を賞味

旅行者　　紹介先

❸ 紹介先がまた次を紹介

旅行者　　紹介先

過去の類似顧客、当該顧客のデータをもとに嗜好性に合った体験・住民を紹介

さらに顧客のデータを蓄積

より顧客に適した体験・住民提案を実施

▶図1.4.13　体験の連動性

## ●プロトタイピングの重要性

　前項までは、顧客体験の設計について説明してきました。ただし、顧客体験が、デザイン基準・顧客理解・価値定義の要素を満たしていた場合でも、すぐに本格的な開発や実行に移すことは避けるべきです。まずは、プロトタイピングやPoC（Proof of Concept：概念実証）を行った後に、本採用するか判断する必要があります。

　ここは、文字通りプロトタイピングですので、大掛かりなものを作成する必要はありません。確認すべきは、これまで実施してきた課題探索から価値定義のプロセスで得た仮説が、顧客の課題に対しての答えとなっているか否かです。見栄えや現状システムとの連動性などについては、この段階では考慮する必要はありません。

　例えば、デジタル上の体験の場合、画面を模した紙をページごとに用意して、紙芝居形式で見せながら適切な画面設計になっているか、ボトルネックがないかなどを検証する「ペーパープロトタイピング」や、Adobe XDやFigmaなどのデザインツールを用いてプロトタイピングを行い、想定されるデバイス環境に合わせた検証を行うことが一般的です。

　また「オズの魔法使いテスト」と呼ばれるプロトタイピングは、デジタル・オフライン体験の双方でよく活用される手法です。

　これは、実際の体験で実装する予定のシステムや、業務フローが構築された「ふり」をした上で、新たな顧客体験、または既存の顧客体験が改善されているかを検証する際に非常に有用な手法です。

　先ほどの実例を交えて考えてみましょう。当該地域での支払い一括化の顧客体験であれば、旅行者一人一人にユニークなIDを付与します。そして、IDをもとに各店舗での支払いデータをシステムで一括管理し、最終的にホテル側で集約して請求する必要があります。ただし、仮に構想段階からシステムを構築しなければならないのであれば、リスクが非常に高くなります。

　一方で、システムがある「ふり」をすることさえできれば、この顧客体験が本質的な課題解決方法として正しいか否かを検証できます。ここではいったん、人力で検証を実施してみましょう。

　モニターを募り、特定の店舗だけでテストすれば、システムは不要です。部屋番号と名前さえ関係者間で共有すれば、金額は電話とレシートで共有可能です。検証対象の店舗を増やす場合であっても、スプレッドシートを共有する手法などで対応可能でしょう。

大規模ホテルで実運用する場合については、人的オペレーションを考慮すると人力だけで運用を続けることは難しいでしょう。実際には、ローカルアドバイザーの過去の提案内容と宿泊者のフィードバックなどの学習データをもとに、AIシステム化することなどが求められる可能性が高いと思います。しかし、そのような大規模開発をした上で効果が得られなかった場合は目も当てられません。そのような事態を防ぐためには、まずは「人力」での効果検証後に判断すればよいのです。

繰り返しになりますが、プロトタイピングでは、顧客から確認可能な体験設計が適切かを検証することが目的です。プロトタイピングでの検証を重ねながら、仮説上では出てこなかった顧客体験のボトルネック解消を図ります。その上で、徐々に企業としてのブランドに沿った、シャープで美しい体験にブラッシュアップしていけばよいのです。

実際、この工程は非常に泥臭く、改善作業の連続です。同時に、顧客から得る生の声と、企業としての想いを擦り合わせながら走り抜ける非常に充実した期間となるでしょう。

## 顧客体験の検証

顧客にとっての理想的な体験を具体化しても、それはあくまで仮説に基づいた構想に過ぎません。想定顧客にプロトタイプを使ってもらい、現実世界におけるテスト、すなわち顧客体験の検証をして初めて、その体験に価値があるか否かを客観的に評価することが可能となります。

顧客体験を検証する際には、一連の体験を擬似的に実現するためのプロトタイプを用意した上で想定顧客にテストしてもらいます。そして、得られた結果を参考にしながら体験全体の改善を図っていきます。

一方、検証の際には、ただプロトタイプを消費者に利用してもらえばよいということではありません。検証の設計を十分行わないまま実施してしまうことで、誰の何のためのプロトタイプだったのかがあやふやとなり、結果的にその後の判断が主観的な意思決定になってしまうことが頻繁に発生します。このような意思決定が起こらないようにするために、いくつかの点に注意する必要があります。

## ● 検証結果を評価する際の注意点

　一点目は、自分自身やチームで定義した仮説を否定したくないという心理です。多くの時間をかけて検討し具体化した体験が、本質的な課題解決につながっていないという結果を受け入れることができず、評価指標やターゲットなどをすげ替えることで、この体験が顧客の課題解決に寄与しているという結論に帰着させようとしてしまうことが考えられます。

　このような主観をできる限り排除し、客観的な評価を下すために役立つのがデータです。実際にプロトタイプをどのように操作したのか、また、ある体験に要した時間など、検証を設計する段階で必要なデータを収集できるようにしておきましょう。

　二点目は、検証前に立てた開発スケジュールへの固執です。検証結果をもとにスケジュールを見直すことは予定していたものの、大きな方針転換が発生した場合には許容されず、僅かな見直ししか許容されない開発スケジュールになっているケースが多く存在します。

　このようなケースについても、検証を行う前に検証結果に応じてどのような評価を下すのか（例えば、重要度に応じて検証後の開発スケジュールの見直しも行うなど）、あらかじめ定義しておくことが望ましいでしょう。

## ● 検証後のアクション

　検証の結果によって、その後、取り得る行動は次の三つです。

1. 正式に開発・運用を行う
2. 方針転換（ピボット）する
3. 検証をやり直す

　仮説として定義した価値が実際に顧客体験を向上させるとの結果が出た場合には、顧客体験を実現するためのシステム開発などを行うことになります。逆に定義した価値が想定した顧客に対して効果がないという結果が出た場合は、ピボットをする必要があります。一方で、結果となる指標に大きな偏りが発生したり、母数が足りず信頼性が担保できなかったりした場合には、検証のやり直しが必要となるでしょう（図1.4.14）。

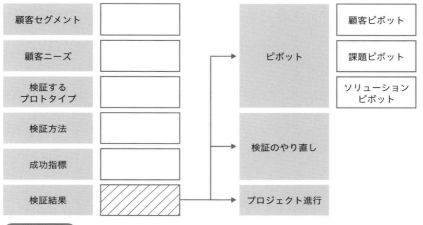

▶図1.4.14 検証シナリオのデザイン

　ピボットは大きく分けて三つ存在します（ビジネスデザインにおけるピボットの考え方では、次の三つに加え、テクノロジーとグロースを加えた五つに分類することが一般的です。本書においては顧客体験に関わる部分をシンプルに考えるために三つと定義します）。

　1. 顧客ピボット：ターゲットとする顧客セグメントの定義を変更する
　2. 課題ピボット：特定顧客の本質的課題を再定義する
　3. ソリューションピボット：課題を解決する価値を再定義する

　下のレイヤーの方が影響度が大きいため、「顧客」「課題」「ソリューション」の順番にピボットする必要があるかどうかを検証していくことが望ましいと考えられます（図1.4.15）。

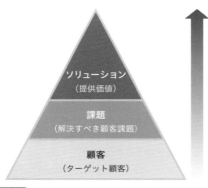

ソリューション
（提供価値）

課題
（解決すべき顧客課題）

顧客
（ターゲット顧客）

下の層のピボットの場合、
上の層に影響するため、
影響度合いが大きい

▶図1.4.15 ピボットの関係

　ピボットを行う＝仮説が間違っていた、ということになりますが、決して
ピボットは悪いことではありません。逆に元々の仮説に囚われてしまうと検
証方法にも偏りができてしまい、顧客のためではなく、企業やプロジェクト
担当者の自己満足という本末転倒な結果に終わってしまいます。

　そのようなリスクを避け、本質的な価値を顧客に提供するためにも、プロ
トタイピングの実行および検証の前にきちんと検証シナリオを設計し、デー
タを用いた客観的な評価に基づいたアクションを行うことで、理想の顧客体
験を定義できるようになります。

◉顧客理解から検証までを繰り返す

　本節では顧客課題および提供価値を定義した上で、プロトタイピングから
の検証を経て、顧客体験を向上させていくプロセスを紹介しました。この一
連の流れを繰り返すことによって、理想的な顧客体験に近づけていくことが
できます。

　さて、このような泥臭い反復作業を乗り越えて、最後に待ち受けるのは、
裏側の従業員体験です。

# 1.5 従業員体験を
デザインする

## 顧客体験を変えることは従業員体験を変えること

消費者にとっての体験価値が定まったとしても、ただそれを実現するためだけにシステム開発などの対応を進めてしまうと、後で大きな落とし穴に陥る可能性があります。従業員の業務フローや改善に至るまでのプロセスについて、実現可能かどうかを検証してから進めないと、実際には何の改善にもつながらない空論に終わることもあります。

先に述べたように、ある「点」だけに注目して表面上は改善したように見えても、その背後にあるプロセスも改善しなければ、全体として望んだ体験にはなり得ません。消費者と従業員の双方にとって望ましい体験を実現するためには、デジタルかオフラインかを問わずに直接の接点を持つ体験（フロントステージ）だけでなく、その裏側で動くスタッフやシステムの流れ（バックステージ）への考慮も忘れてはいけません（図1.5.1）。

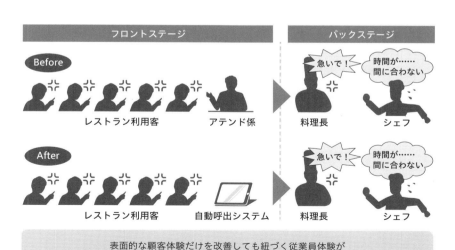

表面的な顧客体験だけを改善しても紐づく従業員体験が
改善されていないと本質的課題は解決しない

▶ 図1.5.1 従業員体験の重要性

1.4で触れた「オズの魔法使いテスト」では、「魔法」でバックステージ側の処理が成立していると仮定しています。その上で、フロントステージ側で提供している体験が、消費者が求めている本質的な価値を提供できているかどうかを検証しています。当然、この前段階の検証を突破したら、バックステージ側のプロセスやシステムの設計と検証が必要です。

「最初から実行可能な業務フローやシステムを把握してから、顧客体験の設計を行えばよいのでは？」という意見もあるかもしれませんが、このプロジェクトの目的を考えてみましょう。

もし、当初からできることが前提になっているのであれば、プロジェクトのゴール設定からやり直す必要があります。また、PoCやプロトタイピングを行うことが目的になってしまい、いわゆる「PoCゴール」という悲しい結末を迎えてしまうリスクもあります。ゴールを正しく設定し、常に意識することが重要です。

◉ 顧客体験の設計と従業員体験の設計は連動して進める

また、顧客が求める価値を実現するための従業員体験をバックキャスティングアプローチで考えることと、現状の従業員体験の課題からフォアキャスティングアプローチで考えることを同時に進めることで、全体の整合性を確認しながら進めることができます。

大きな組織になると、顧客体験の設計と従業員体験の設計が別の部署やプロジェクトで進行することも考えられます。後で認識齟齬が発覚し、実現不可能とならないように、進行中のプロジェクトの状況を適宜把握しましょう。また、部署やプロジェクトを横断して同時に検討できる体制を構築することも、プロジェクトを進める上での大事なポイントです。

# サービスブループリントの策定

顧客体験の設計と従業員体験の設計をセットで考え、全体の体験として整合性が取れているか確認する最良の方法は、サービスブループリントを作成することです。

カスタマージャーニーマップは顧客体験を定義する際に使用されます。しかしこれに頼り過ぎると、顧客にとっては理想的であるものの、従業員体験や組織課題が見過ごされ、現実には実行できない体験になってしまう恐れが

あります。そのため、実現可能性を担保しながら顧客視点での体験プロセスを構築する必要があります。

　サービスブループリントは、体験が顧客に提供されるまでのプロセスを従業員体験やシステムフローと合わせて可視化するためのツールの総称です。サービスブループリントを使用すると、1枚絵でサービス全体を可視化できます。フロントステージとバックステージの動きを俯瞰して把握することもできるので、実現可能な体験プロセスの構築につながります。

◉サービスブループリントの詳細

　サービスブループリントは図1.5.2に挙げる四つの要素で構成されます。

| 1 | カスタマーアクション | ジョブ達成に向けて顧客が行う行動 |
|---|---|---|
| 2 | フロントステージアクション | 顧客が直接見ることができる場所での、体験提供側のアクション |
| 3 | バックステージアクション | 顧客が直接見ることができない場所での、体験提供側のアクション |
| 4 | バックエンドプロセス | 三つの要素を実現するための、体験提供者の組織内でのステップや活動 |

▶図1.5.2　サービスブループリントの四つの要素

　また四つの要素は、それぞれ図1.5.3の三つの境界線で分けた状態で記載されます。

| ア | インタラクション境界線 | ユーザと体験提供側との直接のやりとりを表現する境界線 |
|---|---|---|
| イ | 可視境界線 | ユーザから見える体験と見えない体験を区別する境界線 |
| ウ | 内部インタラクション境界線 | 裏側でのシステムや本部機能など、体験上直接関与しない境界線 |

▶図1.5.3　サービスブループリントの四つの要素にある境界線

　実際のサービスブループリント策定のプロセスは非常にシンプルです。四つの構成要素を1から4まで順番にマッピングすることから始めます。

　まず、一般的なカスタマージャーニーマップと同様に、顧客体験における行動フローをカスタマーアクションとして書き出します。

次に、顧客の行動に対して直接インタラクションを持つ業務プロセスであるフロントステージアクションを書き出します。デジタル上の体験であればWebページの役割や入力項目になりますが、必ずしも顧客の行動全てに対してフロントステージアクションが存在するわけではありません。

　ここから先が、顧客には見えない不可視領域、つまりバックステージ側のマッピングです。例えば、レストランであれば、厨房での調理が該当します。予約サイトであれば、入力された検索条件で空きが存在するかどうかを確認するためのクエリ実行などが該当します。

　これらのアクションを実行するためのシステムや本部機能の行動がバックステージアクションにあたります（図1.5.4）。

　マッピングが終了したら、アクション同士の関係を、順序を考慮した矢印で整理します。こうすることでアクション同士の関係を可視化でき、フロントアクションの間で多大なバックステージアクションが発生していたり、二つのバックステージアクションが揃わないと顧客に体験を提供できなかったりといったボトルネックが明らかになります。結果、適切な体験を提供するために必要な従業員体験の改善を、関係者全員が一目で把握できるようになります。

　また、裏側のシステムの問題や組織上の課題など、しばらくは改善が難しいという制約がある場合は、それをバックステージ側に注釈として記載して

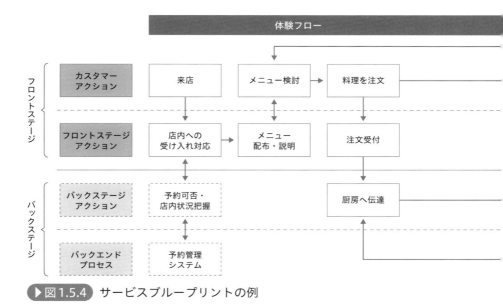

▶図1.5.4　サービスブループリントの例

おくことが大切です。これにより、顧客体験構築上の重要な課題であることを経営層に認識してもらいやすくなります。また、短期的には、顧客に対してコア価値を毀損しない形で全体の体験をいかに設計するか、という議論を円滑に進めることができます。

つまり、サービスブループリントを策定することで、実際の顧客体験を実装するためには欠かせない、バックステージ側の変革プロジェクトの目的が明確になります。

## 目的を中心に、いざデータ活用の世界へ

DX推進や体験創造を成功させるためには、顧客と社会に対して、どのような価値を提供するのかという目的を明確に定めることが必要です。目的を見失わずにデータという手段を使いこなすことで、顧客への提供価値および社会への存在意義をより強固にすることができます。

これを実現するために欠かせない顧客データ基盤の構築については第2章で、組織の変革については第3章で述べます。本書で取り上げる全ての内容について、その関連を意識しながらプロジェクトを推進することをおすすめします。

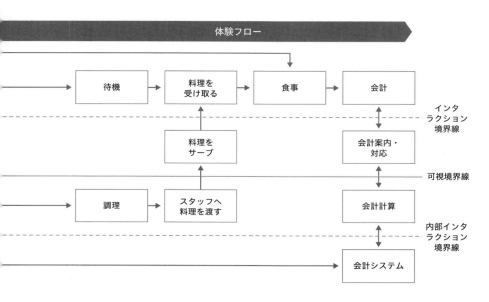

## ワークショップ成功の秘訣

　DXや体験設計において、「ゴールを定めることが大事」ということを第1章ではお伝えしました。私達は、こういった悩みを抱える企業を伴走支援することでプロジェクトを成功に導いていくのですが、そこで大事な役割を担うのが「ワークショップ」です。

　ワークショップには三つのステップがあります。1つ目は「ユーザの声を聞き課題やニーズを知ること」、2つ目は「プロジェクトの目的とゴールを定めること」、3つ目は「集合知を使って自分達を再定義すること」です。本章では1と2について解説してきましたので、ここでは3について少し紐解いていこうと思います。

　集合知とは一体何でしょうか。言語化すると「みんなで意見を出し合って一つのことを決めていくこと」と言い換えられます。文章にすると「なんだ、そんなことか」と簡単そうに感じられるかもしれませんが、私達が見てきたほぼ全ての現場は、この「話し合い」がうまくできないことが原因でプロジェクトが頓挫したという過去がありました。そもそも、「話し合い」は私達の通常業務であって、これができなければ何も進まないのでは？　と思われるかもしれません。しかし正しい「話し合い」ができた領域は業務が回り、正しい「話し合い」ができなかった領域はボトルネックになる、ととらえていただくとよいかもしれません。

　正しい「話し合い」ができない原因としては、経営層など閉じた領域だけで議論がなされており情報がサイロ化している、異なる領域間でコミュニケーションの分断が起きており共通言語がない、自由な発言を許容する社内文化がない、といった理由が挙げられます。このような課題は多かれ少なかれどの企業にも存在しますが、「自社でも、部門間できちんとコミュニケーションが取れているだろうか？」と自問自答していただくと、その深刻さが実感できるかもしれません。ワークショップでは、こうした課題を乗り越える設計と運営をすることで、プロジェクトを成功へ導き、企業改革の礎を築くことができます。

　それでは、ワークショップで集合知を形成するにはどうしたらよいでしょうか。もしあなたが、ファシリテーターとして参加者をリードする立場であったらと想像してみてください。

　まず、「縦割りや横割りの壁を取り払い、全員が同一のコミュニケーションを共有する」があります。普段、社長の前で意見を言える機会はほとんどないと思いますが、ワークショップの中でだけは言いたいことを言ってよし。

全員に発言の機会を平等に与え、言いたいことを許容しましょう。

　次に「相手の意見を否定しない」があります。よく会議などで、否定意見ばかりを口にする人がいますが、そういう人に限って自分の意見は何もなかったりします。アイデアのバスケットがあるとしたら、「可能性の種」はいつも吸い上げられ、溜まっていかない状態です。そういう場面では、多少筋が悪くても、気にせずできるだけ多くの意見を出し、後で取捨選択するのが得策です。相手から肯定をされることで心理的安全性が増し、筋の良い意見も生まれやすくなります。

　最後に、「当事者達の言葉を残す」があります。パーパスの策定やミッション・ビジョン・バリューを定義する際にコピーライターやデザイナーを入れて体裁を整えることがありますが、それが必ずしも良い結果を生むとは限りません。こういった指針となる言葉は、社員やステークホルダに当事者意識を持ってもらうためのものですから、当事者達の言葉をそのまま残すことで一体感が増す、という結果が得られることもあるのです。

　こうしたテクニックを使いながら企業の伴走支援をしていると、素晴らしいフィードバックをいただく機会があります。

「現場の社員が本当にワクワクしていた」
「こういうことを今まで話し合ったことがなかった」
「何でも言ってみることが始まりだと思えるようになった」

　このような言葉をいただいたとき、私達は、企業を良い方向に変えることができたと感じます。それは、コミュニケーションに信頼関係が生まれた証拠であり、放っておいても自然と議論は進み、チームが自分達で課題発見と解決ができる（アイデアが自走する）状態になったといえるからです。

　振り返ってみると、集合知を形成できるようになったチームには「肯定力」と「やさしさ」が備わったと感じることがあります。皆さんの職場にも安心して自由なコミュニケーションができる、この「肯定力」と「やさしさ」をインストールしてみませんか？

# 第1章チェックシート

| 目指すべき顧客体験設計のチェック項目 | チェック | | 参照項目 |
|---|---|---|---|
| DXやデータ活用の目的が明確に定められている | | → | 1.1 |
| HOW・WHATだけではなく、WHYに答えられるような共通認識をプロジェクト関係者の間で持てている | | → | 1.1 |
| DXやデータ活用の目的となるパーパスについて理解している | | → | 1.2 |
| フォアキャスティング・バックキャスティングアプローチを使い分け、企業の中長期的な戦略と短期的な戦略のギャップが解消できている | | → | 1.2 |
| 顧客課題を把握するための、定量分析・定性分析について理解している | | → | 1.3 |
| 表面的な課題を解決しようとすることによって、新たな課題を生んでしまうリスクについて理解している | | → | 1.3 |
| 顧客体験の改善に向けて、何を実行し、何を実行しないのか、という基準が整理されている | | → | 1.4 |
| 本質的に解決しなければならない顧客の課題が設定されている | | → | 1.4 |
| 具体的にどのような顧客体験を提供するのか＝どのような価値を提供するのか、が定められている | | → | 1.4 |
| プロトタイピングおよびその検証を行うための準備が整っている | | → | 1.4 |
| 顧客体験を実現するための従業員体験についても検討できている | | → | 1.5 |

# 第 2 章

## 顧客体験価値向上に向けた
## 顧客データの統合と分析

# 2.1 顧客データの 統合が必要な背景

## 顧客体験価値の向上にデータは必要か

　第2章では、データを活用して顧客体験価値を向上させるために、具体的にどのようなフェーズがあり、どのようなことに留意していく必要があるかを紹介していきます。

　そもそも、企業が自社の顧客体験価値を向上させるためにデータは必要なのでしょうか。インターネットが普及する前の社会では、現在のようなビッグデータが存在しておらず、企業は顧客に対してより良いサービスを提供できるよう工夫してきました。

　例として、百貨店の外商が挙げられます。営業担当者が各顧客からの要望に応じて商品やサービスを手配するのはもちろん、直接顧客宅に訪問して世間話に花を咲かせながら顧客のニーズを探りつつ、信頼関係を築いてきました。「幼稚園に通っているお孫さんが来年小学校に入学する。ランドセルと学習机をプレゼントするだろう」といったように、顧客が購入を検討し始める前に提案することができました。

　しかし、現代社会において、外商型ビジネスを実現することは容易ではありません。インターネットの普及に伴い、顧客接点は対面のみでなく、ECサ

▶図2.1.1　時代変化に伴う顧客情報の違い

イトやアプリ、SNSや決済サービスなど多岐にわたるようになりました。従来よりも多くのチャネルを通じて顧客とつながることができるようになった反面、企業側が顧客一人一人の趣味嗜好やライフスタイルを把握することが難しくなってきています（図2.1.1）。

このような状況の中、顧客体験価値向上のために重要性が増しているのがデータです。

# データは「顧客の声」

顧客体験価値向上のために企業がまずやるべきことは、自社の顧客の理解です。ターゲットとする顧客像が曖昧なままでは、顧客が真に求めているものを理解できず、自社がどのようなサービスを展開していくべきなのかも決められません。何万人もの顧客一人一人と直接話すことは現実的ではありませんが、さまざまな顧客接点から得られるデータをもとに、顕在的・潜在的な顧客の声を知ることは可能です。ECサイトでの閲覧履歴や購買情報から、嗜好や家族構成、ライフスタイルの変化が見えてくるかもしれません。アプリの利用履歴から、職業や生活リズム、趣味の変遷が見えてくることもあるでしょう。

もちろん、データから顧客の全ての情報を把握することはできませんが、顧客のデータをつなぎ合わせることで、顧客一人一人に対する理解を深めることが可能です（図2.1.2）。データによって顧客理解を深めることこそが、顧客体験価値向上のための原点なのです。

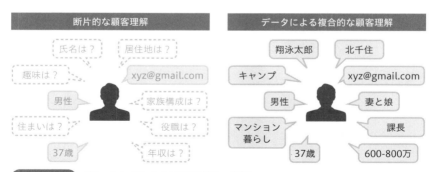

▶図2.1.2 データに基づく顧客理解の深化

# モノづくりからコトづくりの時代へ

　製造業を中心とした日本における産業は、徹底したカイゼン活動を通じて製品の品質を追求し、海外からも高品質であるという評価を受けてきました。しかしながら、かつての成長市場が成熟し、製品のドミナントデザインが成立するに伴い、製品自体による差別化は困難になってきました。

　以前はテレビやパソコンもブランドによって形状や機能に差がありましたが、現在では形状だけでブランドを見分けることは難しく、一般向けのモデルであれば機能差も小さくなってきています。製品のコモディティ化が進めば、価格競争にも巻き込まれることになります。同じ品質の製品を、海外でより安く製造できるならば、我々はどのような付加価値を付けていけばよいでしょうか。

　当然、今後も高品質のモノを顧客に提供することが重要な点は変わりません。一方で、他社との差別化を図り、独自の付加価値を高めるためには、顧客との接点を強化し、顧客体験価値を向上させることが求められます。

　製造業やアパレル業で使われる言葉にスマイルカーブがあります（図2.1.3）。バリューチェーンの上流と下流は高い付加価値を作ることができる領域とされています。企画やサービスといったコトづくりの領域においてデータを活用することで、顧客の根本的な問題を解決したり、顧客の生活を大きく変えたりするような価値を届けることができるでしょう。

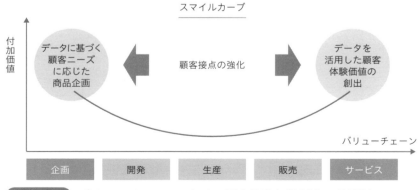

▶ 図2.1.3　バリューチェーンにおける顧客体験価値創出の位置付け

## 社会のデジタル化は不可逆的に

　新型コロナウイルス感染症の拡大は、世界のデジタル化を大きく進展させました。非対面・非接触化が加速し、eコマース市場の拡大、キャッシュレス決済の普及、リモート会議の一般化などは読者の皆さんにも馴染みがあるかと思います。

　この状況に合わせて企業はデジタルを生かした顧客とのコミュニケーションに力を入れています。DtoC（Direct to Consumer）と呼ばれるように、ダイレクトなチャネルを活用した取り組みを進めています。SNSを活用したコミュニケーションチャネルを活用したり、自社独自のアプリをリリースしたり、CRMを強化してきました。以前はお財布の中に多くのポイントカードやクーポン券などが入っていましたが、それらは各社が提供するアプリに代替され、お得なクーポンやキャンペーンもハガキ等の紙媒体ではなく、アプリなどで提供されるようになっています（図2.1.4）。

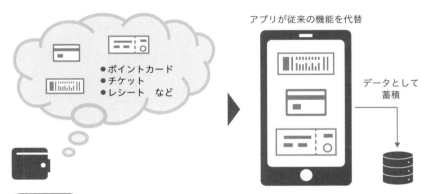

▶図2.1.4　従来の機能はデジタルで代替

　このようなテクノロジーの進化に伴い、企業が収集できる顧客関連データの量は年々増えています。しかし、ツールやシステムの数が増え、企業の管理部門が複数にまたがることにより、データのサイロ化も進行しています。企業全体では顧客に関するさまざまなデータを持っているにもかかわらず、部門間で情報が連携されずデータ活用が進まないケースが散見されます。

　この問題を解決するためには、サイロ化された顧客データをまとめる顧客データ基盤の導入が不可欠となっています。顧客単位でデータを統合するこ

とで、顧客体験を改善させる取り組みに生かすことが可能になります（図2.1.5）。

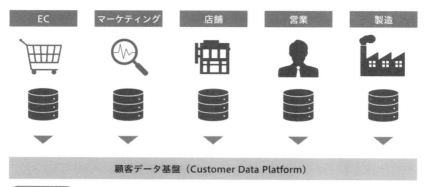

▶図2.1.5　サイロ化されたデータと顧客データ基盤

## 安易に他社が持つデータを模索してしまう傾向

　もちろん、こういった顧客データを活用する必要性や顧客データ基盤の必要性を理解している企業は多く存在します。一方で、データ活用を推進する企業が常に感じるのは、「自社の持つ顧客データだけでは、十分な顧客理解が得られないのではないか」という疑問です。確かに、自社の持つ顧客接点だけでは、一般的に「消費者がその企業に興味関心を持った後のデータ」しか取得できないことが多いため、そのように感じるのでしょう。

　例えば、保険会社にとって、本当にアプローチしたい潜在顧客は結婚や出産などのライフイベントを迎えている消費者です。保険会社は、他社に先駆けてこのようなライフステージの変化を察知し、アプローチしたいと考えるでしょう。しかし、保険会社の資料請求が行われた時点からアプローチしたのでは、すでに保険代理店に相談した後であったり、他社との保険商品の比較をしている段階であったりすると考えられます（図2.1.6）。

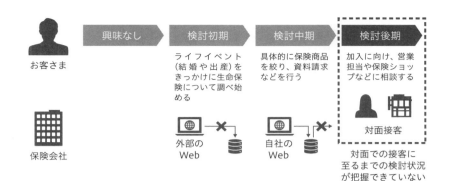

▶図2.1.6 潜在顧客の兆候を把握できていない例

　そういった状況を鑑み、いわゆる外部データ（他社が持つデータ）を活用し、ライフステージの変化をとらえようと考えるケースが非常に多く見受けられます。そのようなケースに対して我々は、外部データの活用以前に、自社データの統合および活用を優先することを推奨します。その理由の一つは、第0章でも紹介したように、個人情報の利用に関する消費者の意識が高まり、外部データの利用が年々難しくなっていることが挙げられます。もう一つの理由は、ほとんどの企業では自社が持つ顧客データを十分に統合・分析できておらず、自社の顧客を十分に理解できていない、すなわち自社データの価値を最大限に引き出すことができていないケースが非常に多いためです。

## 企業が持つ自社データ活用の可能性

　保険会社の例では、そもそも既契約者の顧客データと、資料請求をした潜在顧客のデータが統合されておらず、資料請求をされたお客さまの中から「どのお客さまに、どのようにアプローチすべきか」を十分に分析できていないケースが多く見られます。

　同じ保険商品を勧めるとしても、商品の特性をアピールするだけではなく、資料請求に至るまでにどのような自社のコンテンツを閲覧していたのかを分析し、既契約者の傾向と比較することで、訴求すべきポイントが明確になります。他にも、SNSなどのツールを活用した顧客と保険外交員との接点や健康アプリなど、保険商品の購入に至る前にさまざまな顧客接点が生み出されており、外部データに頼る前にこれらの自社データを十二分に活用する

ことが推奨されます（図2.1.7）。

　企業が持つ顧客接点は多岐にわたる一方で、それらのデータが統合されておらず、十分に活用できていないケースがほとんどです。顧客データの活用は、継続的に顧客との接点を改善させていく取り組みであり、顧客データは企業にとっての資産そのものであると考えられます。

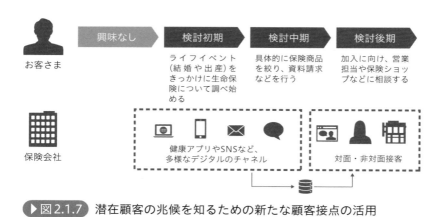

▶図2.1.7 潜在顧客の兆候を知るための新たな顧客接点の活用

## 本書で扱う「データ基盤」の位置付け

　顧客体験価値の向上を目的とした場合、先述のように顧客データを統合することが重要なポイントになります。そこで、この章では、顧客データを統合し活用するための顧客データ基盤を構築する方法について説明していきます。

　日々の生活の中で社会が生み出しているデータは膨大です。例えば、モノであるIoT機器から得られるデータは当然、機器の異常検知や製品の改善に役立たせることが可能です。ただし、本書で取り扱うデータは顧客体験を改善させることを目的としているため、「顧客」を中心としたデータ基盤の構築について紹介していきます（図2.1.8）。

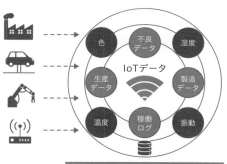
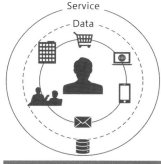

▶図2.1.8 モノ起点ではなく、顧客起点でデータをとらえる

# 2.2 顧客データ基盤とは

## データ分析に求められるデータ基盤とは

顧客データに限らず、データを分析する際に必要となるのがデータ基盤です。データ基盤の役割は大きく、「データを収集し蓄積する」「蓄積したデータを加工する」「加工したデータを抽出し集計する」という三つの領域に大別することができます（図2.2.1）。

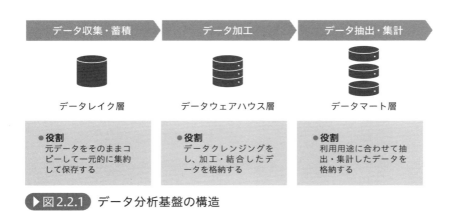

▶図2.2.1 データ分析基盤の構造

### ●データ収集・蓄積

データ基盤において、まず必要となるのがデータを収集し、蓄積するための機能です。一般的には、各種データベースや業務システムなどから必要となるデータをデータレイク（Data Lake）と呼ばれる領域に取り込みます（図2.2.2）。ここで注意が必要なのは、とにかくどんなデータでもデータレイクの領域に入れてしまえばよい、どんなデータでも入れておくべきだ、という考え方です。

データレイクのコンセプトは、同じ場所にさまざまなデータが格納されており、そこに行けば必要なデータが取り出せるという点です。確かにスト

レージは安価に手に入りますし、分析に必要なデータがデータレイクに格納されているほうがその後の活用に向けて使い勝手が良くなるため、データを過度に厳選する必要はありません。ただし、不要なデータも大量に格納してしまうことによって本当に必要なデータと混在してしまったり、データ漏洩のリスクを高めてしまったりするという懸念もあります。このように、データレイクが泥沼化してしまわないように注意しましょう。

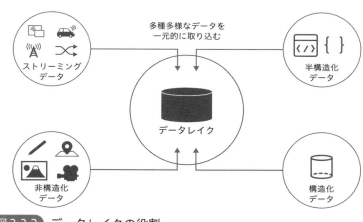

▶図2.2.2 データレイクの役割

● データ加工・保管

次に、データレイクに取り込んだデータを加工します。データは必ずしも綺麗に整ったものばかりではありません。同じ意味を持つデータでも、データの取り込み元となるシステムによってデータの項目名が異なっていたり、フォーマットを整えたりする必要があるケースが多々あります。他にも欠損しているデータを埋めたり、不正確なデータを削除したりする処理も必要となります。これらの処理はデータクレンジングと呼ばれます。

このように分析しやすい形に整形されたデータをデータウェアハウス（Data Warehouse）と呼ばれる領域に格納します（図2.2.3）。

| | | |
|---|---|---|
| さまざまな場所に<br>格納されている<br>各種データ | 形式を統一<br>欠損データの補完<br>IDや名寄せによる結合 | 分析のために<br>加工されたデータ |

▶図2.2.3 データクレンジング後のデータをデータウェアハウスへ格納

## ◉データ抽出・集計

最後に、データを活用しやすい形で用途別に抽出・集計します。データが綺麗に加工されていても、あまりにも大量のデータを都度集計するのでは、集計に必要となる処理時間が長くなり、その計算のために都度コンピュータリソースを費やすことになります。

そこで、対象となるデータを絞り込んだり、一定の集計をかけたりしたデータをデータマート（Data Mart）と呼ばれる論理的な領域に格納し、そのデータを参照して利用します（図2.2.4）。

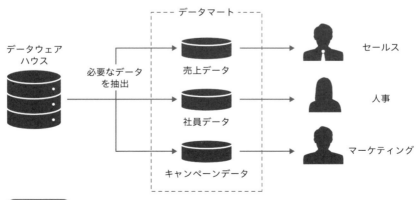

▶図2.2.4 データウェアハウスからデータマートを構築

# 顧客データ基盤の概要

　顧客データ基盤（CDP：Customer Data Platform）の構造は一般的な
データ基盤と同様です。ただし、顧客データ基盤の場合、データの構造は非
常にシンプルで、データが全て「顧客」を中心に統合されます（図2.2.5）。

　顧客に関するデータとしては、自社が持つ契約や購買履歴、会員登録情報、
アプリの利用ログやWebの閲覧履歴など、さまざまなデータが存在します
（図2.2.6）。顧客データ基盤（CDP）の中では最初にこれらのデータを一意
に紐づけ、関連する情報を一人一人に付与する処理を行います。また、最終
的には、顧客一人一人の統合されたデータから読み取れる顧客の属性や趣味
嗜好・行動パターンを理解し、顧客体験価値を向上させるための施策に生か
すことになります。

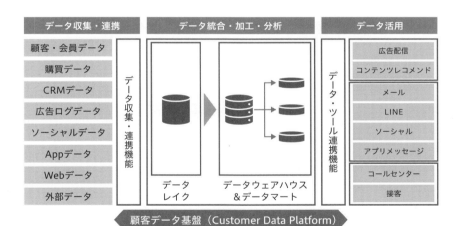

▶図2.2.5　顧客データ基盤（Customer Data Platform）の全体像

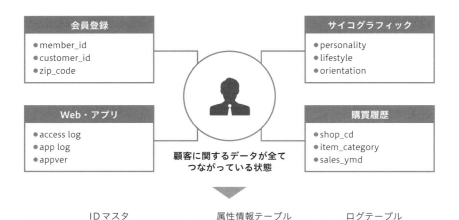

▶図2.2.6 顧客データ基盤の中の顧客一人一人のデータ

## 既存システムと顧客データ基盤の位置付け

　企業内のシステムは、チャネルやサービスごとにそれぞれが独立しており、各システムが顧客情報を保管しています。だからこそ、「さまざまなシステムに存在している顧客データを統合する」という取り組みに対して、非常に大規模なシステム開発が必要だと思われる方もいらっしゃいます。特に、受発注や契約管理など、ミッションクリティカルな基幹系のシステムは堅牢なシステムを各企業が独自に築いており、それら既存システムが持つ顧客データを全て統廃合するような取り組みであれば、その認識は正しいでしょう。

　しかし実際は、多岐にわたるシステムがバラバラに顧客データを保持しているからこそ、必要なのは独立した顧客データ基盤なのです。顧客データ基盤はあくまでも既存のシステムの外側に位置付けられるものであり（図2.2.7）、既存のシステムに影響を及ぼすものではないからこそ、導入のハードルが低く、リスクを抑えて推進することができるのです。

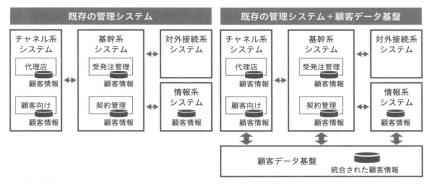

**▶図2.2.7** 既存システムと顧客データ基盤の位置付け

# 顧客データ基盤を構築する方法（IaaS vs. SaaS）

　顧客データ基盤を構築する際には、クラウドサービスを利用することが一般的です。クラウドサービスを利用したデータ基盤を構築する方法は、大きくIaaS（Infrastructure as a Service）を利用する方法と、SaaS（Software as a Service）を利用する方法の二つに分けられます（図2.2.8）。

　SaaSの顧客データ基盤（CDP）は、顧客データ基盤として必要な機能を網羅的に提供してくれるサービスです。一方で、IaaSと呼ばれるシステム基盤のインフラストラクチャを活用する場合、必要なモジュールを選定し、

**▶図2.2.8** IaaSとSaaSの違い

アーキテクチャを設計することが必要となります。

　IaaSとSaaSを比較した場合、コスト面や運用保守の面で違いが生まれます。SaaSのサービスは、基本的にはサービス提供元のベンダがシステムの定期的なアップデートを行うことが一般的です。特に、顧客データ基盤の場合は、さまざまなシステムとAPI（Application Programming Interface）などを活用して連携し、継続的にデータを取り込む必要があるので、連携先のシステムが増えれば増えるほど、システム間のインターフェースを維持する負担が大きくなります。SaaSの顧客データ基盤であれば、導入する企業がデータ連携先の仕様変更に伴うシステム改修を行う必要はありませんが、IaaSの基盤で構築した場合、自社内で継続的に改修を行う体制を見込んでおく必要があるでしょう（図2.2.9）。

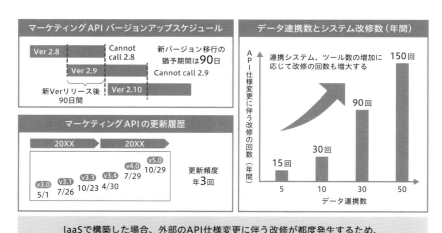

▶図2.2.9　連携先システムの仕様変更頻度

　IaaSの顧客データ基盤は手軽に安価で利用できるため、まずはIaaSの基盤で顧客データ基盤を構築するケースも少なくありません。実際にそれだけで十分なケースもありますが、本格的にデータを活用しようとすればするほど連携するシステムが増え、連携先システムの仕様変更に伴うメンテナンスや改修の負荷が大きくなっていきます。結局、IaaSからSaaSにスイッチングする必要が出てくることも考えられます。一度構築したデータ基盤を移行するためには相応のコストがかかることは、あらかじめ把握しておきましょ

う（図2.2.10）。

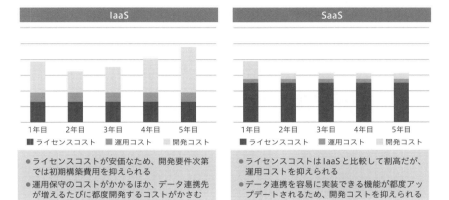

▶図2.2.10 初期構築と運用保守の費用イメージ

## ●将来的なデータ活用を見据えたSaaSの活用を推奨

　SaaSなのかIaaSなのか、という選択はシステム基盤を選定する時点で必ずといってよいほど検討される議題です。初期コストやランニングコストはもとより、機能性や汎用性なども考慮した上で選定することになります。多くの企業さまの選定結果や導入後の変遷などを鑑みると、初期構築はIaaSを選択し、活用が進んだらSaaSに切り替えるというアプローチを取るよりも、導入当初は機能制限やデータ量の制限を設けてSaaSのライセンス費用を抑え、データの活用が進みシステム連携先が増えるのに合わせてSaaSの制限を解除していくアプローチが推奨されます。

　なお、データ活用の目的が一部の事業部門に閉じてしまうと、SaaSの顧客データ基盤導入が過剰な投資だととらえられてしまうケースもあるでしょう。そういった誤解を解きつつ、社内での意思決定をするためには、顧客データ基盤の目的や将来像を描き、その必要性や目的を明確にしておくことが非常に重要になります。

## 顧客データ基盤のアーキテクチャ例

　実際にSaaSのシステムを活用した顧客データ基盤のアーキテクチャ例を

見てみましょう。ここでは、顧客データ基盤（CDP）として国内で代表的なサービスであるTreasure Data CDPを活用した顧客データ基盤の構築例を紹介します（図2.2.11）。

　まず、データを連携するインターフェースは、接続先のシステムに応じて接続方法が異なります。SaaSのCDPの場合、システム間の連携を容易にするコネクタと呼ばれる機能が提供されることが一般的です。この機能を活用することによって、複雑なデータ連携の仕組みを構築することなく、データを収集することが可能になります。

　一般的には、オンプレミスと呼ばれる企業が独自に開発した基幹システムからは、AWS（Amazon Web Services）が提供するS3（Simple Storage Service）などのストレージサービスにデータを配置します。そこからCDPが提供するコネクタを利用して、CDPの中にデータを取り込みます。

　この取り込まれたデータはデータ加工後にいわゆるデータウェアハウスの領域に格納され、さらに、目的別にデータマートの領域に格納されます。

　このデータマートの中では、各種施策に連携するために必要なセグメンテーションが行われ、MA（Marketing Automation）や、BI（Business Intelligence）と呼ばれるような各種ツールに連携されます。また、各種施策を実行した結果をCDPの中に取り込んで分析する必要があるため、データ活用先のツールからもデータを収集することになります。

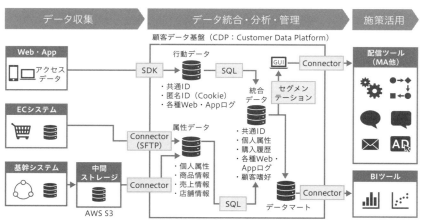

▶図2.2.11　顧客データ基盤のアーキテクチャ例

# 2.3 顧客データ基盤 プロジェクトの要諦

## プロジェクトを開始する前に理解しておくべきこと

　本節では実際に顧客データ基盤を構築する際に押さえるべきポイントや論点を示します。「一般的なシステム開発とは異なるアプローチが必要なのか」「どこまでのデータをデータ統合のスコープとすればよいのか」「社内の関係者とどういった役割分担で進めればよいのか」といった内容です。

　これらはプロジェクトが開始されてから理解を進めたり、順次解消したりしていくことが非常に多いものの、事前にプロジェクトの関係者間で共通認識を持っておくことがプロジェクトの成功へとつながります。

　顧客データを統合する必要性やその価値を認識して、顧客データ基盤を構築し、顧客データの活用を進めている企業は数多く存在します。

　一方で、非常に高い期待が持たれていたにもかかわらず、成果が上がらないプロジェクトも多数存在します。そういったプロジェクトを注意深く見ていくと、重要なポイントが浮かび上がってきます。それは、<u>顧客データ基盤は一般的な情報系のシステムとは大きく異なり、システムを一度構築したら完了ではない</u>、ということです。

　一般的なシステム構築のプロジェクトでは、要件定義、設計、実装、テスト、移行、といったフェーズを経て、システムが利用されます。一般的なシステムの場合、システムのカットオーバー前後、いわゆる、システムの構築フェーズと運用保守フェーズでは大きな違いがあります。それは、システムがリリースの時点で一度完成されたものであり、その後の運用保守フェーズでは、仕様変更や追加開発など、リリース時点のシステムをベースとして、改修がされていく点です（図2.3.1）。

第 2 章　顧客体験価値向上に向けた顧客データの統合と分析

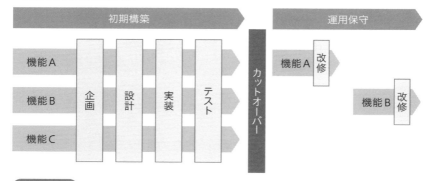

一般的なシステム開発の場合

▶図2.3.1 一般的なシステム構築と運用保守の流れ

　顧客データ基盤の場合も、当然、システムのリリースなど、一定の区切り
を入れる必要はあります。また、新しいアプリがリリースされた、ホーム
ページがリニューアルされることになった、コールセンターとも分析した
データを連携したい、といったある程度大きなビジネス要件については当
然、一般的なシステムと同様に追加改修をしていくことになるでしょう。

　顧客データ基盤の場合はそういった大きな追加要件だけではなく、もっと
細かい単位でも改修を繰り返す必要があります。例えば、顧客が来店したか
どうかを直近の1ヵ月のみで判別する処理があったとします。実際に分析を
進めていった結果、最も一般的なお客さまは来店の頻度が年に6回であるこ
とが分かったため、直近の2ヵ月間での来店有無を判別したくなりました。
このような軽微な修正は機動的に行い、かつ、その分析結果に応じて常に
アップデートしていかなければなりません。

### ● データを分析する前にビジネス要件を出し切ることは不可能

　構築段階で、統合されたデータを用いた分析が行われる前に、全てのビジ
ネス要件を明確に定義することは不可能です。実際にデータを触り、分析し、
試行錯誤した結果としてビジネス要件は明確になるのであって、それを顧客
データ基盤の構築前に要求することは合理的ではありません。よって、初期
構築時の厳密な要件定義やシステム設計以上に、早期のリリースとその後の
運用の中でビジネス要件を定義し、その実装を機動的に行える体制構築が顧
客データ基盤には求められるのです。

　一生懸命に構築した顧客データ基盤をリリースした後、その改修の都度、

システムを運用保守するベンダから見積りを取得しなければならず、データ項目の変更だけでも数週間かかってしまう、といった残念なケースは実際に存在します。これでは、ビジネス部門にとっては使い勝手が悪いシステム、IT部門にとっては、運用保守が面倒なシステムとして、誰もがストレスを抱えることになるでしょう。

　初期構築以上にその後の運用と活用が最も重要なシステムであるという認識をプロジェクトに関わる全員が認識する必要があります。そして、機動的にビジネス要件に応じた機能拡張や機能追加を行えるような体制、開発プロセスを構築しましょう（図2.3.2）。

顧客データ基盤では、利用してからの業務要件に合わせてデータソースや機能を追加

リリースが早いタイミングで行われたため、業務要件が明確化。ビジネス判断として、機能CではなくAの拡張を優先することが可能

▶ 図2.3.2　運用しながら追加要件を開発する流れ

## 顧客データ基盤構築は誰が推進すべきか

　顧客データ基盤の構築に関わる現場では、IT部門がそのプロジェクトを推進するケースや、昨今では、事業部横断でDXを推進する部門（DX推進部など）がその推進を担うケース、他にはデジタルマーケティング部門や営業企画部門がその推進を担うケースなどさまざまです。

　ここで伝えておきたいのは、まず、どの部門が顧客データ基盤を推進すべきか、ということは重要ではないということです。ただし、各部門は従来の自部門のミッションに紐づいて業務を実行しているので、そのバイアスを十

分に理解しておく必要があります。

　IT部門が顧客データ基盤の構築プロジェクトを担うケースは非常に多いですが、前述したような一般的な情報系システムとは異なり、常に進化し続けなければならないシステムであるということを十分に認識しておくべきです。特に、仕様書や設計書の類をきっちりと作っていくことは重要ですが、一方で、どこまでの領域をIT部門として厳格にメンテナンスすべきなのかを見定める必要があります。

　デジタルマーケティング部門や営業企画部門が担うケースにおいては、さまざまなチャネルのデータを統合したものの、活用用途が自部門に閉じてしまうケースがあります。多種多様な顧客データを統合して利用するからこそ、将来的には事業部門を横断したデータ活用の推進役を担っていくことを視野に入れる必要があります。もしくは、DXなどを推進する事業横断型の組織がその取り組みを引き継いで全社的に展開していくことで、顧客データ基盤の価値を最大限に引き出すことができるようになるでしょう。

　そして何よりも重要なのが、こういった顧客データに関わる事業部門とIT部門が協働でプロジェクトを推進する体制を構築することです。そのためには顧客データ基盤への正しい期待値、目的、プロジェクトの進め方をプロジェクト開始前の段階で共通認識を持てるように努めるべきです。

### ◉データプライバシーの観点も忘れてはならない

　後は、積極的にプロジェクトへの関与を促したいのが、企業内のデータ活用に関してリスク管理を所管する部門です。企業のデータ活用については、消費者が思わぬ反応を示す、いわゆる炎上案件が多数存在します。これは、データプライバシーの専門家がデータ活用を推進する事業部門のニーズに対して正しくブレーキをかけることができなかったために発生しています。

　顧客データ基盤の構築時は、十分に顧客データを保護・管理できる仕組みの上でデータ基盤が構築されているか、チェックすることが求められます。そのためにも、個人情報保護に詳しいデータプライバシーの専門家がプロジェクトに参画することを推奨します（図2.3.3）。

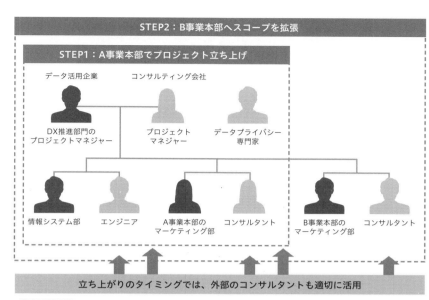

▶図2.3.3　顧客データ基盤構築プロジェクトのプロジェクト体制例

## IT・ビジネスの担当領域を明確にする

　2.2の冒頭で、データ基盤は一般的に「データレイク」「データウェアハウス」「データマート」に大別されるということと、顧客データ基盤においても同様の構成であることを説明しました。また、IT部門と事業部門においては、システム更新の頻度や期待値に大きな隔たりが生じやすいことも述べました。そういった事情や実例を踏まえ、顧客データ基盤の領域ごとに、主管する事業部門を分割することを推奨します（図2.3.4）。

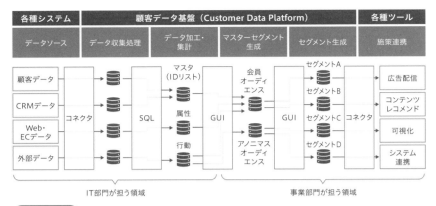

**▶図2.3.4** 顧客データ基盤の全体像と担当部門の切り分け

## ◉データソースに近い領域はIT部門が担当

　まず、データを取り込みデータレイクに保管する領域と、データレイクに保管されたデータを加工しデータウェアハウスに格納する領域については、IT部門が所管することが望ましいと考えられます。多様な既存システムとの連携を中心にデータレイクにデータを取り込む必要があるため、既存システムを運用保守する部門やベンダとの折衝が必要になります。また、必要なセキュリティ要件を満たしたデータ連携方法を採用するための知識も必要です。

　さらに、データウェアハウスにデータを加工し格納する領域についても、データのクレンジングや名寄せと呼ばれるような、相応のプログラミングスキルが求められます。また、それらの処理をある程度大きな塊として束ね、それらを業務影響のない夜間に実行し、定常的に運用監視していく必要があります。

　こうした背景から、この領域はIT部門が所管することが望ましいでしょう。

## ◉データ活用に近い領域は事業部門が担当

　一方、データウェアハウスの領域で綺麗になったデータを業務要件に応じた小さなデータとしてまとめ、各種ツールに連携することはデータを活用する事業部門が所管することが望ましいでしょう。

　このデータマートの領域は分析した結果に応じてデータの集計方法やデータ項目を頻繁に更新していく必要があります。高度なプログラミングスキル

がなくとも、GUIベースでデータの抽出や加工をある程度行うことができるため、これらの使い勝手を習得すれば、自由度高く、データマートの更新をしていくことができるでしょう。

## 収集すべきデータの要件定義

　顧客データの構築プロジェクトで最初に行われるのが、取り込むべきデータの選定です。一般的には、まず、データを活用する業務要件を定め、その要件に必要なデータを顧客データ基盤に収集します（図2.3.5）。この際に、既存システムが持つデータの棚卸しやデータのアセスメント（データが活用できる状態かどうかの調査および評価）を行うことがあります。ただし、ここにも大きな落とし穴が存在します。

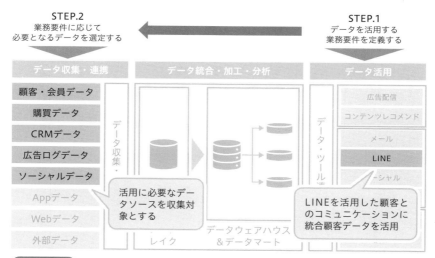

▶図2.3.5　データの活用要件検討と収集すべきデータの定義

### ◉データ活用の要件から必要なデータを逆算する

　例えば、あるドラッグストアがSNSを活用したコミュニケーション施策を実行したいとします。そのために必要なデータは、「店舗での購買履歴」「商品情報」「クーポンなどの販促施策への反応有無」だったとします。基本的には、これらに関連するデータを全て顧客データ基盤に取り込むことを推

奨します。

　「会員登録時の顧客属性データ」「POSデータ」「商品マスタ」「SNSの反応ログ」といったデータは必須となるので、基本的にはこれらの情報は全て取り込むことが望ましいと考えられます。

### ●データのアセスメントに時間をかけ過ぎない

　一方で、こういった大きな方向性に従った判断に至らず、かなりの時間をかけて個々の施策の有用性と必要なデータのアセスメントを詳細に行い過ぎた結果、一向にプロジェクトが進行しないケースも見受けられます。

　例えば、会員登録済（契約済）のユーザと企業が提供するSNSアカウントへの登録ユーザがどの程度重複しているのか、その割合を明確にしないと施策の費用対効果を見極めることができない、といった具合です。その効果を実証するために、SNSからWebサイトに遷移させて、ログイン済（＝会員登録済）かどうかを判別するための実証実験をやりましょう、ということになります。ただし、この場合は検証に必要なデータを溜め込むために最低でも数ヵ月は必要になってしまいます。

　さらに、会員IDが取得できないケースではメールアドレスやホームページの資料請求番号などで、なんとか既存顧客であるか否かを判別できないか、既存のデータをかき集めて分析してみましょう、といったことも起こります。

　後述しますが、一般的に顧客データ基盤の導入には、初期構築として半年程度あれば、一定の施策を実行できるレベルの基盤は構築できます。しかしながら、取得できるデータでどこまで何ができるのかという概念を検証しようとした結果、検討および検証のために半年以上の時間を費やしてしまったということが実際に頻繁に起こっています（図2.3.6）。

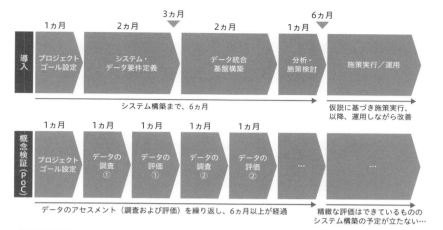

▶図2.3.6　顧客データ基盤の構築に要する期間

### ◉大きな枠組みで取り込むデータを定める

　顧客接点に関わるデータはできる限り取り込んだほうが、顧客理解の解像度が上がります。また、詳細なアセスメントに労力を割くよりも、早々にデータを取り込み基盤の構築に進んだほうが効率的なケースが少なくありません。

　そういった観点から、既存システムからデータのドメインレベルでデータの選定を行い、データレイクの領域までは取り込むことが望ましいと考えられます（図2.3.7）。その上で、データウェアハウスの領域まで加工する必要があるかどうかは、初期の活用領域に合わせて検討すれば十分です。

　秒単位なのか分単位なのかといったデータが追加される頻度と、直近1年分なのか、過去10年分なのかといったデータの取り込み期間に注意すれば、基本的にはデータレイク領域におけるデータ容量の心配は不要でしょう。

　繰り返しになりますが、顧客データ基盤の構築においては、常に効果検証を続け、改善させることを前提として構築を進めるべきです。収集すべきデータの要件においても同様であり、大きなデータの塊でとらえていくことがプロジェクト成功の秘訣と言い換えることもできます。

| 活用領域 | カテゴリ | 想定シナリオ | 取得データ | 取得方針の案 | | |
|---|---|---|---|---|---|---|
| ①<br>マーケティング施策 | 販売促進 | ●セグメント別のアプローチ<br>●広告出し分け | ●アプリ系<br>●クーポン<br>●商品マスタ<br>●広告<br>●LINE<br>●ジャーナルデータ<br>●各種会員データ | ①<br>マーケティング領域における活用 | ②<br>販売活動に関わるデータ分析も含む | ③<br>在庫管理や勤怠管理などのデータ分析も含む |
| | 効果検証 | ●施策効率化（コスト構成、CPC改善）<br>●ロイヤリティ施策 | | | | |
| | 顧客分析 | ●利用チャネル分析<br>●属性別利用傾向 | | | | |
| ②<br>販売活動 | 商品分析 | ●併売（バスケット）分析<br>●ABC分析 | ●商品マスタ | | | |
| | 店舗分析 | ●エリア別売上傾向分析<br>●商圏分析 | ●店舗マスタ | | | |
| ③<br>オペレーション | 在庫管理 | ●需給分析（在庫回転率）<br>●在庫最適化、ロス削減 | ●発注データ<br>●在庫データ | | | |
| | 勤怠管理 | ●ピーク期間分析<br>●顧客満足度分析 | ●社員・パート社員データ<br>●勤怠データ | | | |

▶図2.3.7 顧客データ基盤に取り込むデータの範囲

## データ提供元となる複数の事業部門からの理解を得る

　収集したいデータの大枠が固まった後は、それぞれのデータをどのシステムから連携することになるのか調査をする必要があります。

　顧客データ基盤を構築するには複数の部門が持つデータを統合することになるので、必ずしもプロジェクトの主体となる事業部門やIT部門が管理していないシステムからデータを取得したいケースが多々あります。事業部門独自でSaaS系のサービスと契約している場合や、運用保守を行っているベンダが複数社ある場合など、関連する部門やシステムの構成を棚卸ししなければならないでしょう（図2.3.8）。

　この時に必要なのが、データの取得元である各事業部門の理解を得ながら進めることです。部門を横断した顧客データの活用に対して、データを所管している事業部門によっては非常に消極的な場合があります。これは、異なる商品やサービスを各事業本部で提供している場合に頻繁に起こります。

　例えば、カーシェアとレンタカーを提供している事業部門がそれぞれ顧客データを保有しており、それらの顧客データを統合しようとします。その際に、いずれかの事業部門がデータの共有に消極的であることがあります（特に、事業基盤が盤石な事業部側が該当するケースが多い）。これは、サービスを提供している事業部門にとってデータ活用に関する明確なリスクがあるか

自社が持つデータを網羅的に把握できているケースは少なく、事前調査が必要な場合がほとんど

▶図2.3.8 顧客データ基盤に取り込むデータの調査

どうかとは関係なく、漠然としたリスクを感じたり、データを事業部横断で活用することの必要性を感じていなかったり、単純に新しい取り組みによる業務負荷を避けたかったりすることがほとんどです。

　この時、最も重要なのは、消極的な事業部門に対して明確なメリットを示すことです。特に、具体的なユースケースを複数作って、その必要性について理解を得ることが重要になります。

　顧客データ基盤の推進はまず、いずれかの事業部門を起点として開始されることが多い一方、よりデータの付加価値を高めていくためには、多数の事業部門を巻き込む仲間づくりが非常に重要になります。特に収集するデータの調査に際しては、通常の業務でそのシステムを利用している事業部門との連携は不可欠であることを理解しておくべきです。

## さまざまな顧客データを紐づけるための「名寄せ」

　顧客データ基盤の大きな目的の一つは、顧客情報が一意に紐づいた状態で管理されることです。その際に必要になるのが「名寄せ」と呼ばれる処理です。一般的に、名寄せとは、顧客IDなどで完全に一致しない顧客情報を氏名（平仮名、カタカナなど）、電話番号、住所などの属性情報を用いて同一の顧客であると識別することを指します。

　収集対象となるデータが決まった後、収集するデータベースごとにどう

いった項目で顧客を識別することができるかを明確にしておく必要があります（図2.3.9）。あるシステムではメールアドレスを取得しているものの、別のデータベースには入っていない、もしくは取得率が著しく低い、といったこともあるため、そのデータ取得元の所管部門に確認することが望ましいでしょう。また、あまりにも情報が不足している場合には、将来的なデータの拡充に向けて、顧客情報を追加で取得する方法も検討すべきです。

| | データベース | 取得先 | ID | 保有するID | 補足 |
|---|---|---|---|---|---|
| **Web・App** | 顧客情報 | Cloud | 顧客ID | - | クレジットカード単位 |
| | 購買情報 | Cloud | 顧客ID | - | - |
| **ECシステム** | 購買情報（EC） | ASP | 会員ID | - | - |
| | 会員情報 | ASP | 会員ID | 顧客ID | メールアドレス単位 |
| | Webサイト | Javascript SDK | Cookie | 会員ID | メディア、ECサイト |
| | アプリ | App SDK | IDFA | 会員ID | |
| **基幹システム** | MAツール | - | メールアドレス | - | |
| | レコメンドツール | - | Cookie | - | |

データベースごとに保有しているIDを整理する

▶ 図2.3.9 顧客データ基盤に取り込むデータのIDを整理

● 名寄せに用いられるデータの特徴

メールアドレスやCookieのIDを名寄せに活用するときは、それぞれのIDの特性を十分に理解する必要があります（図2.3.10）。

メールアドレスであれば、個人が複数のアドレスを利用することが一般的ですし、そのアドレスそのものを利用しなくなるケースや、会員登録にのみ利用し、日常的には全く利用していないケースもあります。Cookie IDであれば、ブラウザによって保持可能な期間が異なるため、厳密に本人を識別することは難しいでしょう。

こういった形でIDがどの程度本人を正しく識別できるのか、また、その期間はどの程度か、その確からしさをどのようにチェックするのか、といったことを正しく理解しておく必要があります。

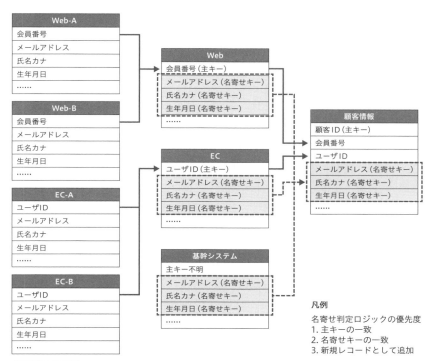

凡例
名寄せ判定ロジックの優先度
1. 主キーの一致
2. 名寄せキーの一致
3. 新規レコードとして追加

▶ 図2.3.10　データ項目の確からしさを踏まえて、名寄せキーを整理

## データ活用と併せて必要なデータプライバシーの管理

　前項では、顧客データ基盤で管理する顧客情報を統合するために名寄せについて説明しました。自社が持つさまざまな顧客接点から得られた顧客の情報を紐づけることにより、一人の顧客データに複数のチャネルから取得されたデータが紐づくことになります。このように名寄せされたデータを全て同じ基準で活用してよいかといえば、そうではありません。

　個人のデータを企業が活用するためには、取得した個人情報の利用目的を各企業のプライバシーポリシーなどに反映させ、データの利用に関して本人に適切に通知・公表することが大前提です。それと同時に、データを活用する際に、当該利用目的から逸脱したデータの利用がされないような管理も必要になります。

　本書では、個人情報保護法について詳述はしませんが、データの利用目的

に関わる部分に簡単に触れておきます。「個人情報を取得した場合は、あらか
じめその利用目的を公表している場合を除き、速やかに、その利用目的を、
本人に通知し、又は公表しなければならない。」とされ、その上で「個人情報
取扱事業者は、あらかじめ本人の同意を得ないで、（中略）利用目的の達成に
必要な範囲を超えて、個人情報を取り扱ってはならない。」とされています。
言い換えれば、本人に提示した利用目的から逸脱するような形でデータを活
用することは原則としてできません。

　各サービスに閉じたデータの活用をする場合、例えば、ホームページやア
プリでそれぞれアクセスログを取得し、より回遊しやすいようにデータを活
用してそれぞれのUIを改善することになります。そのためには、各サービス
改善のためにデータを利用するという利用目的を定めておく必要があります
（図2.3.11）。

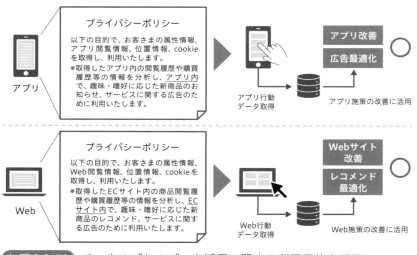

▶図2.3.11　チャネルごとのデータ活用に関する利用目的を明示

◉チャネルを横断したデータ活用に関する利用目的の提示

　しかし、これまでも述べてきたように企業と顧客の接点は一つではありま
せん。Webのページだけでも複数のブランドやドメインに分かれていたり、
ECサイトを運営していたり、アプリや店舗など複数のチャネルを展開して
いたりして、当然、チャネルごとにデータの活用目的は異なります。統合さ

れた顧客データを持つ顧客データ基盤を用いて、チャネルを横断した顧客分析を行い、施策を展開することになった場合、どのようなことが起こるでしょうか。

例えば、アプリ内の行動ログとECサイト内での行動ログを併せて分析し、広告最適化に活用したい場合には、チャネルを横断して個人情報を利用する旨の利用目的を明示する必要があります。仮にアプリでは「アプリ内での」データ活用にのみ言及しているが、アプリで取得したデータをホームページで活用することについて、提示できていない場合はどうでしょう。ホームページ上で、アプリの操作ログや広告接触履歴を活用した施策を行うことはできません。

顧客データ基盤で統合された顧客データをチャネル横断で活用する場合には、こういったチャネルごとにどのような利用目的を提示していて、どのようにデータを活用してよいのかを個人単位で管理していかなければならないのです（図2.3.12）。

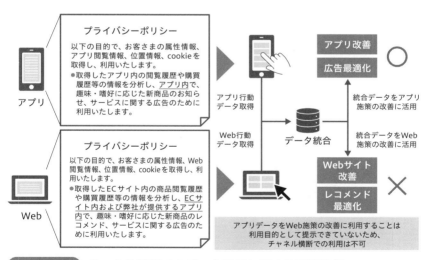

▶図2.3.12 チャネル横断でのデータ活用に関する同意取得

## 顧客データ基盤による利用目的の管理

次に、どのように顧客データ基盤で利用目的を管理するべきか考えていき

ます。

　例えば、あるメーカの会員サイト、アプリを運用する際に、「会員サイトや
アプリ上でのログを横断的に分析し、お客さまに最適な商品やサービスを紹
介するため」「会員サイトに登録していただいたお客さま情報（年齢、住所な
ど）から、お客さまに最適な商品やサービスを紹介するため」にチャネルを
横断したデータ活用を行いたいとします。会員サイトのデータとアプリの
データは名寄せされ、顧客データ基盤で一意に紐づいているため、システム
上はデータを活用できる状態にあります。

　これらのデータ活用のためには、当然、会員サイトとアプリの双方におい
て、チャネルを横断したデータ活用に関する利用目的をプライバシーポリ
シー等で提示する必要があります。しかし、会員サイトのプライバシーポリ
シー等において、アプリでのデータ利用に関する利用目的が示されていない
場合、顧客データの活用を制限しなければいけません。

　お客さまに示した利用目的と実際の利用方法が適切に把握・管理できてお
らず、お客さまに利用目的を提示していないにもかかわらず会員サイトの
サービス利用履歴を用いて、アプリ上での広告配信をしてしまった場合、大
きな問題となってしまいます。

　加えて利用目的の提示状況に関する情報は、チャネルが増えれば増えるほ
ど複雑化していきます。この複雑な情報をトラブルなく管理するためには、
顧客データ基盤で適切に管理できる状態にする必要があります。

　顧客データ基盤で利用目的の提示状況を管理する方法の一つとして、お客
さま一人一人の情報に紐づけてチャネルごとに利用目的の提示状況のフラグ
付けをします。チャネルごとにフラグを用意し、アプリではどこまで利用可
能なのか、会員サイトではどこまで利用可能なのか、を個別に管理します。

　また、注意しなければいけないのが、離脱者の管理です。同意取得情報は
一度取得してしまえば永続的に変わらないものではなく、サービスの退会な
どによって利用可否のステータスも変化する可能性があります。また、今後
は顧客自ら自分自身のデータがどのように利用されているのかを確認した
り、変更したりする機能への要請も強まっていくでしょう。

　サービス利用開始時に提示した利用目的、お客さまのサービス継続状況や
第三者提供に関するオプトイン・オプトアウトの同意ステータスなどを一元
的に管理することで、適切に顧客データを活用しましょう（図2.3.13）。

プライバシーポリシー

以下の目的で、お客さまの属性情報、アプリ閲覧情報、位置情報、cookie を取得し、利用いたします。

● 取得したアプリ内の閲覧履歴や購買履歴等の情報を分析し、<u>アプリ内およびECサイト</u>で、趣味・嗜好に応じた新商品のお知らせ、サービスに関する広告のために利用いたします。

アプリ

プライバシーポリシー

以下の目的で、お客さまの属性情報、Web閲覧情報、位置情報、cookie を取得し、利用いたします。

● 取得したECサイト内の商品閲覧履歴や購買履歴等の情報を分析し、<u>ECサイト内および弊社が提供するアプリ内</u>で、趣味・嗜好に応じた新商品のレコメンド、サービスに関する広告のために利用いたします。

Web

利用可否フラグ管理イメージ

| 顧客ID | … | アプリ利用可否フラグ | Web利用可否フラグ | 退会フラグ | |
|---|---|---|---|---|---|
| 00001 | … | TRUE | TRUE | FALSE | ▶ アプリ・Webデータのどちらも相互に利用可能 |
| 00002 | … | TRUE | FALSE | FALSE | ▶ アプリ・Webデータの片方のみ利用可能 |
| 00003 | … | FALSE | TRUE | FALSE | |
| 00004 | … | FALSE | FALSE | FALSE | ▶ 利用目的を特定できていない、または退会しているため、アプリ・Webデータを利用することは望ましくない |
| 00005 | … | TRUE | TRUE | TRUE | |
| … | … | … | … | … | |

データ分析した結果を用いた施策を実行する際に、顧客ごとに各データの利用可否をフラグで判別し、不適切な利用が起こらないようにする

**▶ 図2.3.13** チャネルごとのデータ活用可否を管理するイメージ

### ◉データプライバシーの観点は専門家の知見が必須

本項では、あくまでも個人情報の利用目的の定義に応じたデータ活用可否を顧客データ基盤の中で管理し、適切に制御するための方法を一例としてあげました。一方で、データプライバシーの領域は、消費者意識・法令遵守・技術進化・社会的要請等のさまざまな要素が絡む複雑な問題です。プライバシーセキュアな体制を構築するためには、外部のコンサルティングサービスなど、データプライバシーの専門家の知見を活用することを推奨します。

## BI環境の必要性

顧客体験価値を創出し、向上するために顧客データを活用していくという説明をしてきましたが、統合された顧客データ基盤と顧客体験やサービスをつなぐための仕組みを忘れてはいけません。単純にデータでつなげるという意味ではMAなどのツールを挟むことにより、顧客データ基盤と顧客接点をつなぐことはできます。

ただし、MAのようなツールを活用する前に、顧客コミュニケーションを最適化するためのセグメンテーションや、誰にいつどのような頻度で、どの

ようなメッセージを届けるべきなのかが明確になっていなければなりません。これらの試行錯誤を行い、最適化していくためには、BI環境もセットで必要となります（図2.3.14）。

BIとは、企業がデータに基づいて意思決定できるようにするためのツールであり、探索的なデータの分析や可視化、ダッシュボードのようなレポーティングが主たる機能となります。

BIによるデータの可視化は多くの企業で進んでいますが、あくまで事業ごとの分析に留まっており、事業を横断した自社の顧客理解には至っていないケースが多く見受けられます。自社ならではの顧客体験を提供するためには、まず、深く自社の顧客についての理解を深める必要があり、そのために顧客データ基盤と組み合わせたBIは強力なツールとなります。データに基づく深い顧客理解があってこそ、自社の独自の強みを生かした顧客接点作りに生かしていくことができるのです。

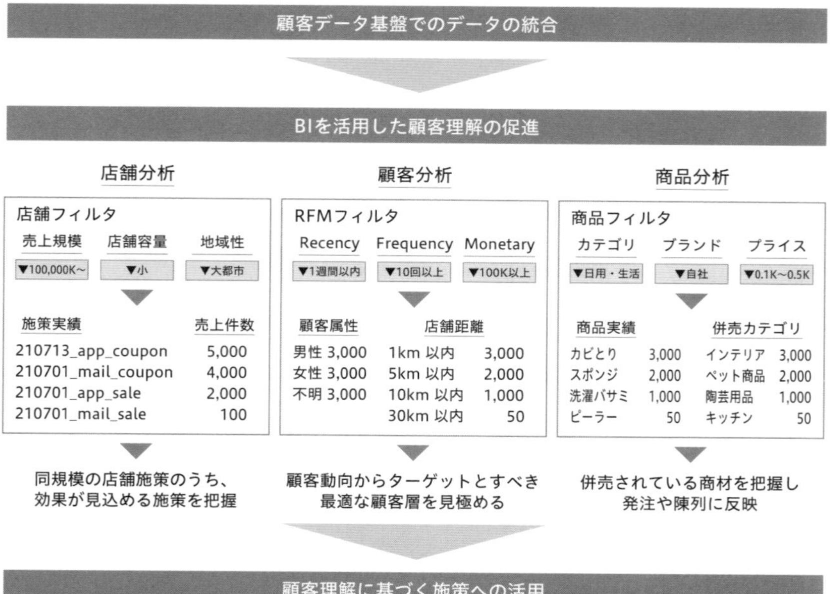

**顧客データ基盤でのデータの統合**

**BIを活用した顧客理解の促進**

**店舗分析**

店舗フィルタ

| 売上規模 | 店舗容量 | 地域性 |
|---|---|---|
| ▼100,000K〜 | ▼小 | ▼大都市 |

| 施策実績 | 売上件数 |
|---|---|
| 210713_app_coupon | 5,000 |
| 210701_mail_coupon | 4,000 |
| 210701_app_sale | 2,000 |
| 210701_mail_sale | 100 |

同規模の店舗施策のうち、
効果が見込める施策を把握

**顧客分析**

RFMフィルタ

| Recency | Frequency | Monetary |
|---|---|---|
| ▼1週間以内 | ▼10回以上 | ▼100K以上 |

| 顧客属性 | | 店舗距離 | |
|---|---|---|---|
| 男性 | 3,000 | 1km 以内 | 3,000 |
| 女性 | 3,000 | 5km 以内 | 2,000 |
| 不明 | 3,000 | 10km 以内 | 1,000 |
| | | 30km 以内 | 50 |

顧客動向からターゲットとすべき
最適な顧客層を見極める

**商品分析**

商品フィルタ

| カテゴリ | ブランド | プライス |
|---|---|---|
| ▼日用・生活 | ▼自社 | ▼0.1K〜0.5K |

| 商品実績 | | 併売カテゴリ | |
|---|---|---|---|
| カビとり | 3,000 | インテリア | 3,000 |
| スポンジ | 2,000 | ペット商品 | 2,000 |
| 洗濯バサミ | 1,000 | 陶芸用品 | 1,000 |
| ピーラー | 50 | キッチン | 50 |

併売されている商材を把握し
発注や陳列に反映

**顧客理解に基づく施策への活用**

▶ **図2.3.14** BIを用いた顧客理解に基づくデータ活用

理想的な顧客体験は顧客一人一人に対して最適化されたサービスを提供することですが、全ての顧客を一人一人個別に分析し、それぞれに最適な顧客体験を提供することは難しいでしょう。一方で、性別や年代といった一般的な属性情報だけで顧客体験を切り分けていくのでは、顧客に合わせた最適な体験を提供できません。

BIを用いることで、これらの理想と現実のバランスを取っていくことになります。全ての顧客一人一人を見ることはできないものの、自社のサービス利用状況や商品の購買傾向、その他にも特徴的に切り分けられる観点を検討することで、一般的な切り口だけではない、自社顧客の特徴に合わせた顧客体験を設計することが可能になります。具体的な顧客のセグメンテーションの方法については後述します。

## BI環境を整えるためのアプローチ

BIの環境を整備するためには、どのように進めればよいでしょうか。基本的には、①分析の要件に必要なデータマートの作成、②分析要件を満たすレポートやダッシュボードの作成、という作業が必要です。①については顧客データ基盤内で構築し、②についてはBIで実装します。

どちらのタスクも進めるために重要なことは、分析の目的です（図2.3.15）。例えば、BIを活用して顧客データを分析する目的を「顧客のロイヤリティを高めるために、顧客を全体俯瞰でさまざまな角度からとらえ、LTV（Life Time Value：顧客生涯価値）が向上する顧客育成施策につなげること」と定義したとします。その後、分析の目的に合わせて、何の情報をどのような軸で見るのか、そのアウトプットをどのように生かしていくのかを定めていく必要があります。

分析するデータの指標は、売り上げや販売数などが該当します。それに対して分析の軸とは、顧客軸・商品軸・店舗軸といった分析の切り口です。基本的にはこれらを組み合わせることで可視化の要件を定めていくことになります。顧客軸でロイヤリティに応じた顧客分類をした上で、どういった商品カテゴリの購買頻度が高いのかを識別し、相対的にロイヤリティの低い顧客に対して購買を促す新たな施策を検討する、といったように分析後のアクションまで意識して分析の要件を定めていかなければいけません。

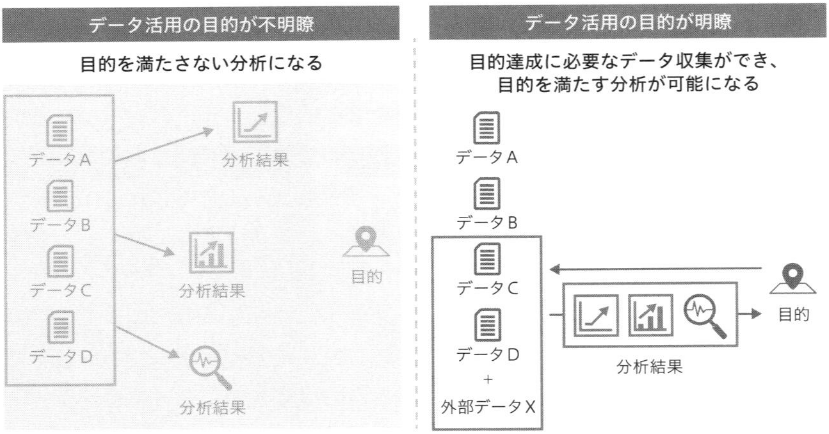

| データ活用の目的が不明瞭 | データ活用の目的が明瞭 |
|---|---|
| 目的を満たさない分析になる | 目的達成に必要なデータ収集ができ、目的を満たす分析が可能になる |

▶図2.3.15　データ活用の目的に応じたデータと分析の関連性

　可能であれば、可視化の目的や切り口となるデータ項目を定めるために、簡易なダッシュボードのイメージを用意しながら検討することを推奨します。具体的なダッシュボードのイメージを見ながら要件を定めていくことで、検討漏れやアウトプットイメージの認識のズレを排除することができるからです。

　可視化の目的やその先の活用用途などの要件が定まったら、実際に必要なデータが顧客データ基盤に格納できているか、分析に必要な形でBIに出力できるか、というフィジビリティを検討します。データの項目や中身、BI上で計算するための計算ロジックの整合性、そして実際にBI上で必要なレポートを表現できるかどうかを確認していきます。こうした検討を事前に行ってからBIの構築を進めることで、必要なデータが足りない、作ったレポートが活用されない、といった事態を避けることができます（図2.3.16）。

　またBI構築に合わせて、可視化された情報に基づくKPIの再定義や、BIの確認を業務に落とし込むための業務フロー再定義も併せて実施することを推奨します。日々の業務に落とし込むことでBIの活用を浸透させることができるので、そういった業務との連携についても検討を進めていきましょう。

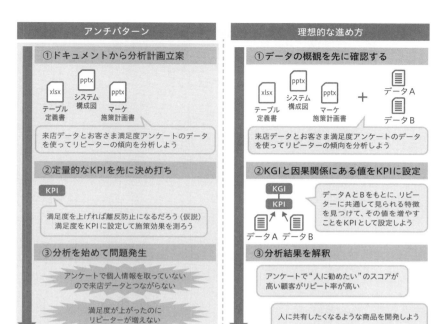

▶図2.3.16 実データやKGIを考慮しつつ、データ分析を推進

# 2.4 顧客データ基盤構築 プロジェクトのスケジュール

## プロジェクト推進スケジュールを組み上げる

　ここまで顧客データ基盤の構築と顧客を可視化するためのBI環境についての説明をしてきました。2.3の冒頭で述べたことの繰り返しにはなりますが、顧客データ基盤とは初期構築以上に運用が重要なシステムです。では、その顧客データ基盤をどのようなスケジュールで構築し、運用していけばよいのでしょうか。ここではプロジェクト全体のスケジュールを組み上げる上で、考慮すべきポイントと合わせて説明します。

　まず、データ活用の目的やどのような顧客体験を目指すのかを定めた上で、骨子となるユースケースや施策を定義します。あまりにも詳細なユースケースや厳格な費用対効果を謳うのではなく、顧客データ基盤を活用する大きな目的に向けて「まずは始めてみる」という姿勢が非常に重要です。

　そういった意味では企業の規模にかかわらず、1年以上もの歳月をかけて初期構築を進めていくのは避けましょう。昨今では、多くのサービスやコミュニケーションツールが次々と台頭してきます。1年も経てば、顧客行動や提供すべき顧客体験も変わってしまう可能性が高く、必要となるデータなどの業務要件も変わってしまいます。目安としては、半年程度、長くとも1年以内には初期構築を完了させ、要件の変更に柔軟に対応できるような運用体制を構築しましょう（図2.4.1）。

　また、いくら初期構築を短期間で完了させても、それ以降、顧客データ基盤を継続的に改善しなければ意味がありません。顧客データ基盤の初期構築を進めつつ、並行して新たなビジネス要件の検討を進めておくことも忘れないようにしましょう。本格的な顧客データ基盤の推進プロジェクトが始まるのは、初期構築が完了してからだと言っても過言ではありません。

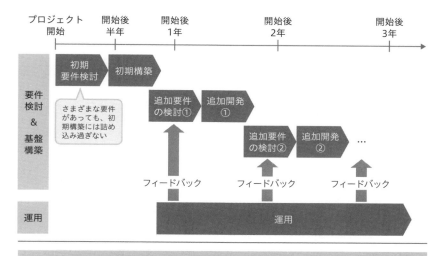

プロジェクトの開始後、1年以内にはデータ基盤の運用を開始できるように、初期構築の要件を絞り込むことで、運用した結果のフィードバックや、実現すべき顧客体験の変化に合わせた新たなビジネス要件の組み込みが可能

▶図2.4.1 一般的な顧客データ基盤構築のスケジュール

## 構築前の確認要素①：ビジネスインパクトのあるイベント

実際のプロジェクトを推進していく上では、想定していなかった事象が発生することが多々あります。その多くが関連部門や関係企業との調整に関する問題です。しかし、これらの事象は事前に把握・調整することによって対処することができます。

いくつか、プロジェクト全体のスケジュールに影響を与えるようなケースを見ていきます。まず重要なのが、企業全体として大きなビジネスインパクトのある取り組みとの調整です。

あるスポーツイベントを行う企業が、自社の顧客を分析するために顧客データ基盤の導入を進めていたとします。当然、スポーツイベントにより多くの観客に来ていただき、何度も足を運んでいただくためにはデータを活用して顧客のことを深く理解することは重要です。顧客データ基盤はスピーディに展開することが効果的であると述べましたが、このケースにおいても短期間でのリリースを目指して構築を進めていたとします。

スポーツイベントの企画担当者が、自社の中で顧客データの活用に向けた

プロジェクトが走っていると耳にすれば、年に一度の大規模なイベントを開催する際に、当然、その仕組みを活用したくなるでしょう。

ここで、もし構築が始まった後にイベント企画担当者から「ぜひ、次のイベントでデータ活用の施策を行いたい」と言われたらどうでしょうか。初期構築の要件に含まれていなかったものをプロジェクト推進中に盛り込む検討をしなければなりません。そうなると当然、現状のプロジェクトスケジュールに影響しますし、最悪の場合、せっかくスポーツイベント向けに新たな要件を組み込んだにもかかわらず、結局間に合わせることができず、ただプロジェクトが遅延しただけになってしまうかもしれません。

こういったケースを避けるために、社内のビジネスインパクトの大きいイベントとは事前に調整を行っておくことが必須です（図2.4.2）。そうすれば、仮に初期構築に間に合わずとも、その後のアップデートに合わせてイベント向け施策の展開を盛り込むことが調整できるので、構築におけるトラブルを避けることができます。

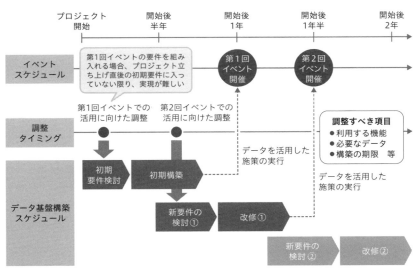

▶図2.4.2　ビジネスインパクトのあるイベントとプロジェクトの調整

## 構築前の確認要素②：既存システム更改プロジェクト

　他にも自社内でプロジェクト開始前に調整を行わなければ大きなトラブルとなってしまう要因として、既存システムの改修やリニューアルプロジェクトが挙げられます。

　顧客データ基盤の構築には、既存の基幹システムやアプリ、ホームページとのデータ連携が必要になります。そのため、既存のシステムやツールとの連携方式や連携を開始するタイミングは検討しなければなりません。

　当然、既存のシステムやアプリなども不変ではないので、必要に応じて改修やアップデートを行うことがあります。仮に顧客データ基盤を導入する傍らで顧客向けのアプリを改修していたとします。アプリ改修の話自体は顧客データ基盤を構築するプロジェクトでも認識していたものの、顧客データ基盤導入の方向性やスケジュールが具体的に固まってからアプリ側の責任者に相談しよう、という進め方は実際に発生しがちです。

　しかし、このコミュニケーションの遅れが落とし穴になることがあります。例えば、相談したタイミングではアプリ自体の要件定義が完了していて、アプリがリリースされるまで一切の仕様変更は受け付けられない、といった回答が返ってくるケースも少なくありません。すると、アプリとデータ連携を進めたいにもかかわらず、アプリ側のデータを取り込めず、半年以上待たざるを得なかった、という結果になってしまいます。

　前項のビジネスインパクトのあるイベントと似た話ですが、このケースは、より具体的なシステム要件を擦り合わせておく必要があります（図2.4.3）。サイトにログ解析用のタグを仕込むときにはどのような調整が必要になるのか（例えば、情報セキュリティ部門との調整が必要、など）、SDK（Software Development Kit）を組み込むことが可能なのか、別の方法としてサーバのログを提供してもらうことは可能なのかなど具体的にデータ連携に必要な要件を協議しなければなりません。

　顧客データ基盤の構築とアプリの改修プロジェクトがお互いを認識していても、お互いが依頼したい内容を調整してもらえるという前提で考えていた、という声を聞くことも少なくありません。こういった事態を回避するためにも、関連するプロジェクトとは必要に応じてしっかりと技術的な要件についての議論を進めておきましょう。

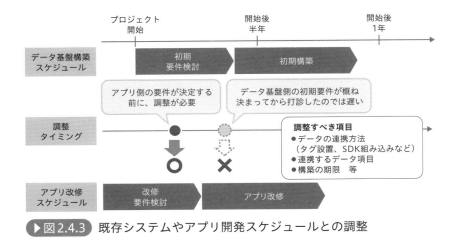

▶ 図2.4.3 既存システムやアプリ開発スケジュールとの調整

## 構築前の確認要素③：システムベンダの見込み工数

　これまで社内の関連部門に対する調整の説明をしてきましたが、社外については どうでしょうか。想定外の事態が発生しやすい対象として、既存のシステムベンダとの調整が挙げられます。

　顧客データ基盤には既存のシステムからデータを出力してもらう必要がありますが、多くの企業では既存システム、例えば、受発注に関する基幹システムやSFA、CRMなどのシステムを運用するにあたり、保守運用を行うシステムベンダに業務委託をしていることが多いでしょう。

　一般的には保守運用にかかる作業の委託費用は年度ごとに決まっており、イレギュラーな事態が発生したときは作業内容に対して追加請求がかかるような形になっています。

　既存システムの運用保守ベンダに顧客データ基盤構築に伴う作業を依頼することは、当然、彼らにとってはイレギュラーな作業となります。このため、事前にシステムベンダの主管部門と追加費用について調整をしておく必要があります。

　特にテスト用のデータの出力は、顧客データ基盤の構築において非常に重要になります。顧客データ基盤はその位置付けから、さまざまな形式のデータを異なるシステムから収集することになります。データを出力するためにインターフェースを開発するという観点でいえば、既存システムの仕様書を

提出していただくだけで十分かもしれません。ただし、テストフェーズにおいて全てのデータパターンを網羅したテストデータを準備することは難しいため、最も合理的なのが、既存システムの実データをマスキングした上で一部活用してテストを行う方法です。

　テストデータに問題があると、単体テストにおける検証が十分に行えず、後々の工程で不具合が発覚する原因になります。それを防ぐためにも、実データをテストとして抽出し、想定外のデータが入っていないかのチェックや実データを用いたテストを行うことが必要です。

　こういった作業をスムーズに行ってもらうためにも、しっかりと既存のシステムベンダの工数を主管部門と相談しながら進めていくことが重要です（図2.4.4）。

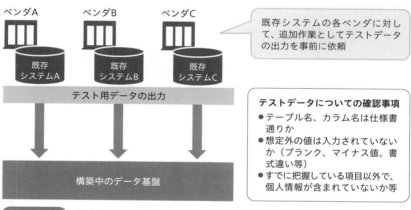

ベンダA　　　ベンダB　　　ベンダC

既存システムA　既存システムB　既存システムC

既存システムの各ベンダに対して、追加作業としてテストデータの出力を事前に依頼

テスト用データの出力

**テストデータについての確認事項**
● テーブル名、カラム名は仕様書通りか
● 想定外の値は入力されていないか（ブランク、マイナス値、書式違い等）
● すでに把握している項目以外で、個人情報が含まれていないか等

構築中のデータ基盤

▶図2.4.4　既存システムからテスト用のデータを取得

## ウォーターフォール vs. アジャイルではない

　システム開発の現場で常に取り沙汰されるテーマの一つがウォーターフォール型なのか、アジャイル型なのかという議論でしょう。かつ、昨今では一般的にウォーターフォール型の開発は悪であり、アジャイル型の開発をもっと取り入れるべきであるという論調が強いように感じます。本書においても、全体を通じてまずはやってみる、初期構築に時間をかけ過ぎるべきではない、といった主張をしていますし、ウォーターフォールなのか、アジャイルなのか、という問いに対しては「アジャイル型」を推奨していることは間違いありません。

　ただし、アジャイル型の開発を進めても正しい手順に則ってデータを扱わなければ大きな事故につながってしまうケースも存在します。実際に遭遇したケースを紹介しましょう。

　あるプロジェクトで、クライアント企業のIT担当者からは非常に評価が高く、ビジネス要件を実現する方法を積極的に提案し、フットワークよく迅速に実装しているフリーのコンサルタントの方がいました。既存システムの運用保守をしている他のベンダは都度見積りが必要ですし、実装まで時間もかかることからIT担当者の方も不満を抱いていたため、こういった個人プレイで要望を叶えていただける方を非常に重宝していました。

　しかし、その後、その方は大きな実装ミスを犯してしまい、結果としてお客さまに大きな損失を与えてしまうことになります。事故の後に明らかになったのは、杜撰な設計と、レビューやテストプロセスの欠如、リリース時の証跡も分からない継ぎはぎのプログラムといった内容で、とても実運用に耐えられるようなものではありませんでした。

　これは、システムやデータを軽んじた結果であり、先人達が築いてきた知恵と経験を無視した当然の結果だといえます。実際に実装された方の責任だけではなく、そういった進め方を十分な検証をせずに無条件に受け入れてしまったIT担当者の方にも責任があるといえるでしょう。

　ここで注意しておきたいのは、基本となるQCD（Quality：品質、Cost：費用、Delivery：納期）の考え方です。当然ですが、品質を落とせば（極端な言い方ですが、継ぎはぎで不具合だらけでもよければ）費用をかけず、短納期でもアウトプットを出すことは誰でもできます。ただし、当然ながら最終的な結果としては良いものができるわけがありません。QCDの考え方は全体のバランスであり、ウォーターフォール型であれアジャイル型であれ、何ら変わりません。アジャイル型であれば、安い費用（C）かつ短納期（D）

で、高品質（Q）なものまでできると勘違いしているケースが非常に多いため、注意が必要です。

　少し話が脱線してしまいましたが、「ウォーターフォール型」と「アジャイル型」の根本的な違いは「実装すべき要件が明確に決まっているかどうか」です。ウォーターフォール型が悪という論調になりがちなのは、昨今はビジネス要件が変化するサイクルがさまざまな要因から短縮されており、システム開発をウォーターフォール型で進めていると、その変化に追いつけないからでしょう。

　顧客データ基盤の構築や、そこに蓄積されたデータを活用した施策についても同様です。ビジネス要件はデータが見えるようになって初めて検討ができますし、本当に必要なデータの要件は施策を実行した後に見えてくるものです。これをウォーターフォール型に当てはめてしまうと、ビジネスユーザに要件を無理矢理決めさせる、もしくは、ビジネスユーザが要件を出さないと嘆き、初期の要件定義フェーズを手仕舞いさせようとするでしょう。逆にデータを見なければビジネス要件が決められないから、という理由でビジネスユーザがいつまでも PoC（Proof of Concept：概念実証）に時間をかけて、環境構築が進まないケースも本章で触れた通りです。

　ここで推奨したいのは、アジャイル型の開発手法として一般的なスクラムを用いた数週間単位での開発サイクルを採用することではなく、根本的なアジャイルの精神である「計画以上に変化への対応を重視する」ということです。そのために必要なのは、ある程度のスコープで区切り、まずは施策を実行してみる、その結果に応じてさらなるデータの収集と活用を進めていく、という取り組みそのものです（図2.4.5）。このサイクルを生み出し、顧客体験につなげていくための流れを作れるかどうかがプロジェクトの成否を決めると言っても過言ではありません。

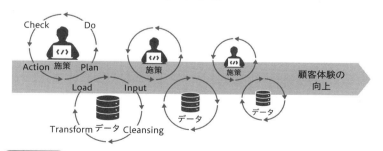

▶図2.4.5　顧客体験を改善していくサイクル

# 2.5 顧客データを活用した高度なデータ分析

## 分析を高度化していくステップ

本節では、前述した顧客データ基盤を構築することで、どのようなデータ分析が可能になるのかを紹介していきます。

顧客データの分析は、まず、2.3で述べたBI環境を活用した可視化からスタートすることを推奨します。その上で、本節で紹介する機械学習を用いた分析に移行していくことが望ましいと考えられます。

ここで陥りがちなのが、高度な機械学習のモデルを用いて、ある一つのテーマや一つの施策のみで大きな効果を得ようとするケースです（図2.5.1）。顧客データの場合、さまざまな顧客接点から得られるデータを統合することで、既存の施策では活用できていなかった、顧客の横断的なデータを施策に生かすことができます。だからこそ、既存の取り組みの効果を底上げしていくことが大きな効果につながります。一つの取り組みだけに固執せずに、顧客データを統合したメリットを最大限生かしましょう。

| | 陥りがちなケース | 望ましいケース |
|---|---|---|
| 狙い | 新規の取り組みで単独のテーマや施策で効果を得る | 既存施策で活用できていなかったデータを生かして効果を得る |
| ポイント | 実行難易度：高い<br>再現性：低い | 実行難易度：低い<br>再現性：高い |
| 結果 | 施策準備に時間をかけ過ぎてしまい、十分な検証ができず、効果を得ることができない | 試行錯誤を繰り返し、少しずつ知見を蓄積しながら、効果を得ることができる |

▶図2.5.1 分析によってビジネスの効果を得るために

# データ分析の目的を「分類」と「予測」に大別する

　定量的なデータを扱うデータ分析において、いわゆる機械学習を用いた高度な分析を説明する際には、分析手法やアルゴリズムごとに解説されることが比較的多いかと思います。ただし、本書においては、数理的に高度な分析手法を論じることが目的ではないため、ここでは顧客データを分析する方法を可能な限りシンプルに紹介します。

## ●分類

　分析はその目的から、大きく「分類」と「予測」に分けることができます。まず、顧客体験を改善するために顧客に対して何らかのアプローチをしたいとしても、全体を眺めているだけでは有効な打ち手を見出すことは困難です。そこで、データを分析することによって、いくつかの塊に分ける必要があります。これが「分類」です（図2.5.2）。

　顧客データにおける分類とは、さまざまな基準を組み合わせて用いることで、お客さまをいくつかのグループに分けることを指します。

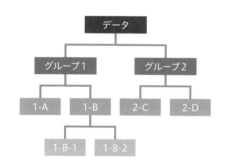

一定の閾値を基準とした
分岐を作ってデータを分類

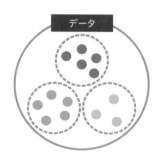

集合体の中から似た
特徴を持つ個を集めて分類

▶ 図2.5.2　分析によって「分類」するイメージ

## ●予測

　顧客にアプローチする際に、どのくらい反応を示すのか、といった程度は対象となる顧客によってさまざまです。ただし、アプローチの結果についてはある程度、繰り返し現れるパターンが存在することがあります。この将来

における結果を「予測」することが、分析のもう一つの目的です（図2.5.3）。

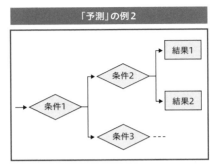

実測値である過去のパターンを
もとに将来の結果を予測する

人の経験知など（ある条件が成り立つ
とき、想定される結果）をルールに
設定し、将来の結果を予測する

▶ 図2.5.3　分析によって「予測」するイメージ

　ここからは具体的に顧客データをどのように分析し、「分類」と「予測」を
することで、顧客体験の改善・高度化につなげることができるのか、紹介し
ていきます。

## 顧客をロイヤリティに応じてランク分けする

　顧客を分類する方法として、最も一般的なのがRFM分析でしょう。最終
購入日（Recency）、購入頻度（Frequency）、購入金額（Monetary）の三
つの観点を用いることで、顧客をそのロイヤリティに応じて分類する分析手
法です。ここでは、商業施設における顧客セグメントを定義する例を見てい
きます。

　まず初めに、顧客を分類する際は最終購入日（Recency）に注目する必要
があります。これは、会員登録された情報だったとしても、例えば、1年間
全く来店していない顧客を既存顧客として取り扱うことが適切ではないケー
スが多いからです。顧客行動を分析するためにも、全ての顧客データを同一
の重みで見てしまうと、過去の参考にすべきではない顧客行動も分析に反映
されてしまうため、注意が必要となります。既存顧客かどうかを判別する期
間や、データ分析の対象とすべき期間は取り扱う商材や平均的な購入頻度な
どに合わせて設定する必要があります。

同様に、顧客の購入頻度（Frequency）、購入金額（Monetary）に応じて顧客のランクを設定します。一般的には最もロイヤリティの高い顧客をロイヤル顧客と定義することが多いでしょう（図2.5.4）。

　この顧客ランクはそのロイヤリティに応じたサービスを提供するために非常に有効になります。また、各ランクにおけるLTVを計算し、そのランク別のLTVの変動や、ランクごとの顧客数の推移をモニタリングすることで、自社の戦略や目的に沿った成果が出ているのかどうかを評価するために活用することもできます。

| 顧客ランク | Recency（最新購入日） | Frecency（来店頻度） | Monetary（購入金額） |
|---|---|---|---|
| A | 60日以内 | 20回以上 | 5,000円以上 |
| B | 180日以内 | 6〜19回 | 1,001〜4,999円 |
| C | 180日より前 | 5回以下 | 1,000円以下 |

▶図2.5.4　RFM分析による顧客ランク付けのイメージ

## クラスター分析を用いた顧客の分類

　一方、データドリブンで顧客を分類することもできます。統合された顧客データを活用することで、R・F・Mだけではないさまざまな観点から顧客の特性に合わせて分類することが可能です。例えば、来店頻度が月に一度程度であり、平均単価も同様の女性客AさんとBさんがいるとします。単純なRFM分析をするだけでは、AさんとBさんは同一のロイヤリティだと判断されることになります。

　しかし統合された顧客データ（購買履歴やクーポンの利用履歴など）を活用することで、AさんとBさんが同じ商業施設を利用していても、異なる店舗を利用する傾向があることが分かります（図2.5.5）。Aさんの来店目的は主におしゃれな雑貨やグルメにあるようですし、Bさんは主にファッションに興味があるようです。利用時間帯はどちらも土日に集中しているものの、Aさんのほうがランチに合わせて多少早い時間帯に来店する傾向にあるようです。

　このような違いが分かれば、顧客体験を向上させるために興味関心が高い

カテゴリの店舗のセールをお知らせしたりして、特典を提示することが有効
となるでしょう。それぞれの嗜好に合ったカテゴリのテナントが入店する際
には、積極的にアプリなどで来店を促してもよいでしょう。

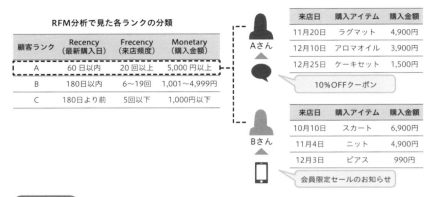

▶図2.5.5 同一の顧客ランクでも来店目的は異なる

●ビジネスの経験則だけでは、最適な顧客の分類は困難

　ここで挙げた例のように、顧客を分類しようとした際、ビジネス的な経験
則のみで顧客を最適に分類することは困難です。もちろん、商業施設内にあ
る店舗をいくつかのカテゴリに分け（グルメ、コスメ、メンズファッション、
レディースファッションなど）、カテゴリごとにRFM分析を行い、ある程度
のグループに分けられないか、試行錯誤を繰り返すことはできるでしょう。
ただし、さらに細かい分類（例えば、雑貨屋の利用ではなく、商品カテゴリ
が雑貨の購買履歴の有無など）を組み合わせ、どのようなカテゴリに分ける
べきなのか（レストランとカフェのカテゴリを分けるべきなのか、グルメと
してそれらを一括りにしてよいのか、など）といったことは、無数に考えら
れます。この中から、共通点を持つ顧客のグループを試行錯誤しながら見つ
けることがいかに難しいか、想像していただけるでしょう。
　機械学習を用いることで、そういった無数に考えられる分類方法から統計
的に有意な方法で顧客を分類することができます。一つの例として、クラス
ター分析を用いれば、統計的に顧客がどの程度似ているのか判別することが
できます（図2.5.6）。

クラスター分析では、統計的に類似した顧客をある程度の顧客数の塊に分類することができるので、顧客体験を向上させる施策にも生かすことができます。あまりにも少数の顧客グループに細かく分類したとしても、顧客体験を改善するための施策に生かすことができません。ある程度の顧客数を有するグループに分けることでビジネスにも生かすことができるのです。

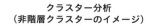

**クラスター分析**
**（非階層クラスターのイメージ）**

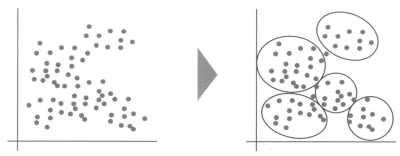

あらかじめいくつのクラスターに分けるかを決め、決めた数の塊（排他的部分集合）に分割する。非常に多くのデータを用いる分析ではこの方法が有効となる。

▶図 2.5.6　クラスター分析を用いて顧客をグルーピング

## ●クラスター分析の結果から顧客像を描く

ただし、クラスター分析はあくまで顧客をデータに基づいて分類するだけなので、そこからその顧客像を描いていくことが必要になります（図2.5.7）。

先ほどのAさんとBさんの例でも、それぞれが分類されたクラスターを比較しつつ、ラベリングしていく必要があります。AさんのクラスターとBさんのクラスターでは、利用店舗の違いから「雑貨好き」と「ファッション好き」のように特徴を分かりやすく定義することができます。また、若干年齢層が異なり、30代の女性と50代の女性が中心であったことや、居住地域が郊外と都心であるなど、データを比較しつつ、ビジネスの観点から顧客を深く理解し、意味付けをすることが重要です。

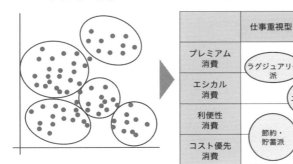

クラスター分析　　　　　　　　例：ライフスタイルと消費行動分類

| | 仕事重視型 | 両立型 | 余暇重視型 |
|---|---|---|---|
| プレミアム消費 | ラグジュアリー派 | | |
| エシカル消費 | | エコロジカル派 | ライフスタイル充実派 |
| 利便性消費 | | | |
| コスト優先消費 | 節約・貯蓄派 | | エンタメ志向派 |

▶図2.5.7　クラスターごとの特性で分類する

## 各クラスターの顧客像をデータからイメージする方法

　クラスター分析やRFM分析を用いてある程度のグループに顧客をグループ化した後に必要となるのが、そのグループがどういった特徴を持つ顧客なのか、その解像度を上げることです。そのための手法としては、デプスインタビューを行ったり、対象の顧客に対してのアンケート調査を行ったりすることがあるでしょう。第1章で紹介した通り、それらの定性分析も非常に有効ですが、今回はSNSなどの投稿データを活用した分析方法を紹介します。

　いわゆるソーシャルメディアに投稿された消費者のデータからは、消費者のニーズや興味関心、その裏にある感情などを定性的に分析することができます。特徴的なのは、「～だったらいいな」といった要望や、「～と迷ったんだけど」といった消費者の本音を知ることができる点です。

　顧客データをクラスター分析で分類した後、実際にある顧客グループがどういったニーズを持っているのか、顧客グループごとのニーズの発見にも活用することができます。定量的な分類と分析も非常に重要ですが、それだけでは見えてこない顧客像を定性的なデータを分析することで導き出すことも非常に重要です（図2.5.8）。

　例えば、代表的なSNSの一つであるTwitterであれば、商業施設の名称で検索してみるだけでも、実際にその商業施設を訪れているAさんのようなアカウントを見つけることができるでしょう。後は、そのアカウントの過去の投稿内容を参照し、投稿内容を抽出していきます。投稿内容のデータを用い

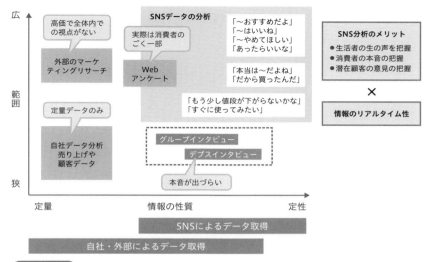

広

高価で全体内での視点がない

外部のマーケティングリサーチ

SNSデータの分析

実際は消費者のごく一部

Webアンケート

「〜おすすめだよ」
「〜はいいね」
「〜やめてほしい」
「あったらいいな」

「本当は〜だよね」
「だから買ったんだ」

SNS分析のメリット
● 生活者の生の声を把握
● 消費者の本音の把握
● 潜在顧客の意見の把握

範囲

定量データのみ

自社データ分析
売り上げや
顧客データ

「もう少し値段が下がらないかな」
「すぐに使ってみたい」

グループインタビュー

デプスインタビュー

×

情報のリアルタイム性

狭

本音が出づらい

定量　　　　　　　　情報の性質　　　　　　　　定性

SNSによるデータ取得

自社・外部によるデータ取得

▶ 図2.5.8　SNSデータを分析することによるメリット

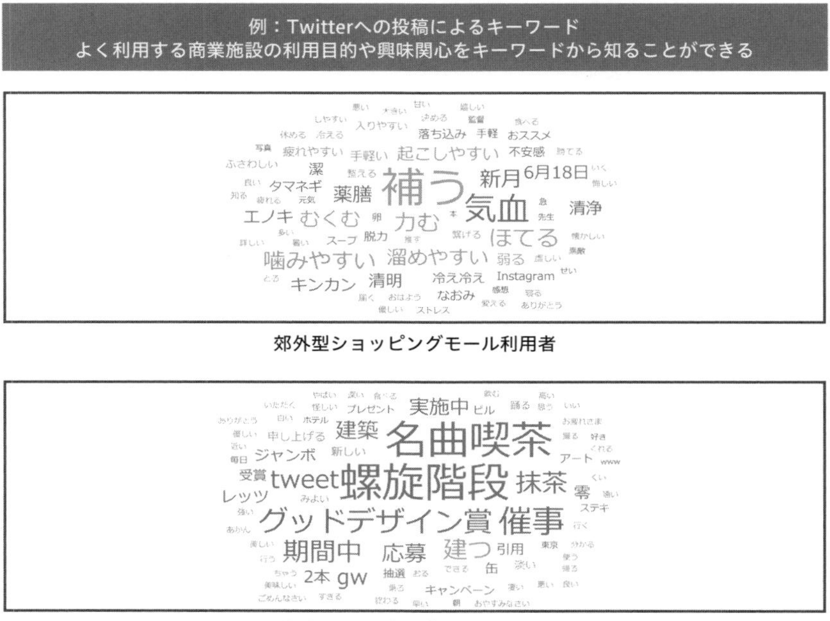

例：Twitterへの投稿によるキーワード
よく利用する商業施設の利用目的や興味関心をキーワードから知ることができる

郊外型ショッピングモール利用者

都心ショッピングモール利用者

※ユーザーローカルAIテキストマイニングツールで調査 https://textmining.userlocal.jp/

▶ 図2.5.9　投稿内容の可視化

てテキスト分析を行い、頻度が高いキーワードを抽出することで、投稿内容からどういった動機でその商業施設に来店したのかを知ることができるでしょう（図2.5.9）。

　ここで紹介したかったのは、ソーシャルメディアのデータを分析する際には、必ずしも有料のソーシャルリスニングツール等を用いて高度な分析を行うことではなく、一人の消費者を深掘りして見ていく方法を用いることで顧客理解を深めていく方法です。データを活用する方法や顧客理解を深める方法はさまざまであり、ここで紹介した方法が顧客を分類し、顧客理解を深めるための唯一の方法ではありません。目的に沿った分析方法やデータソースを組み合わせて、ビジネスに活用できる顧客の分類とその顧客理解を実現しましょう（図2.5.10）。

| No. | クラスター名称 | 特徴 | 利用時間帯 | 平均単価（円） | 年間購入額（円） | 人数（人） | 割合（%） |
|---|---|---|---|---|---|---|---|
| 1 | ラグジュアリー派 | 金銭的に余裕があり、自分への投資として生活に「豪華さ」「高級品」など価値が高いものを取り入れる人 | 週末の午後 | 20,000 | 100万 | 1万 | 5 |
| 2 | エコロジカル派 | 環境保全に対する関心が高く、可能な限り自らの生活の中にもそうした関連の商品を取り入れる人 | 平日の昼間 | 5,500 | 40万 | 2万7千 | 20 |
| 3 | ライフスタイル充実派 | 常に周りにアンテナを張り、情報を日々アップデートし、自分の暮らしを豊かで充実したものにすることが好きな人 | 平日の昼休み | 2,000 | 60万 | 1万1千 | 35 |
| 4 | エンタメ志向派 | 娯楽やサービス、催し物が好きで、今、その瞬間を大事にし、日々の暮らしを楽しむ人 | 週末の夜 | 8,000 | 70万 | 1万7千 | 15 |
| 5 | 節約・貯蓄派 | 「住宅購入」「旅行」など目的のために節約・貯蓄生活を無理なく楽しく続けている人 | 早朝や閉店前 | 1,500 | 10万 | 3万7千 | 25 |

▶図2.5.10　クラスターごとに定性・定量の両面から顧客理解を深める

## 顧客データを用いて次の顧客行動を予測する

　次に、顧客データを分析する際に重要な、顧客行動を予測する分析について紹介します。顧客の行動を予測することができれば、次に取るべきアク

ションを考えることができます。製造業を例に考えてみると、さまざまなデータに基づく「需要予測」ができれば、その予測に応じた製品の製造量を決めることができます。生産を開始する前に必要な在庫量が予測できれば、不要な在庫を抱えるリスクを低減することができます。

　顧客データを分析することで得られる予測とは、顧客が次にどのような行動を取るのか、という顧客行動の予測です。これは過去の顧客データ、すなわち顧客がどのような行動を取ったのか、という実績から未来を予測するものです。その予測した結果を数値化することをスコアリングと呼びます。本項では、顧客行動に基づくスコアリングを紹介します（図2.5.11）。

例：スコアリング可能な顧客行動

▶図2.5.11　スコアリングのイメージ

● ルールベースのスコアリング

　「スコアリング」というキーワードを聞いて、まず、AIや機械学習のモデルを思い浮かべた方も多いかと思います。ただし、スコアリングを行う際には必ずしも高度な数理モデルを最初から駆使することは必須ではありません。顧客行動を予測し、その結果を数値化することを目的としているので、よりシンプルな方法でスコアリングすることも可能です。ここで示すルールベースのスコアリングとは、あるビジネスの条件を満たした（ルールに該当した）顧客に対して加点または減点し、予測したい顧客行動の度合いを点数化する方法です。

例えば、ある保険会社が保険に加入していただける度合いをスコアリングして、優先的にアプローチしたい顧客を識別したいケースを想定してみましょう。保険加入において重要なのが、ライフステージの変化です。男性・女性という性別、年代、それ以外に結婚しているかどうかに応じて保険加入意向を測りたいとします。既存顧客であれば、営業担当者が住所変更や名義変更などの手続きを受け付けるタイミングで、結婚のステータスを把握できるケースがあります。

　このような場合、ルールベースのスコアリングとしては、直近で結婚というライフイベントがあった場合には高いスコアを付与することになります（直近で結婚している＝ライフステージが変化し、保険契約を見直す確率が高いと判断する）。

　後はスコアを加点する点数をどのように重み付けするかです。これはビジネスの観点からそのルールを決めることが重要です。スコアリングの結果が10点満点になるようにルールを組んだとして、対象者の8割が8点以上となるようでは、予測したスコアが意味を持ちません。そこで、例えば、8点以上は全体の2割、5〜7点は全体の4割、1〜4点は全体の4割となるように加点のルールや閾値を決めることになります。また、結果を見ながら、「20代男性と30代女性が同じ加点のルールでよいのか」といったビジネス観点の納得感や整合性も考慮していく必要があるでしょう（図2.5.12）。

| 入籍者の保険加入の可能性をスコアリングするルール | | | | | | | |
|---|---|---|---|---|---|---|---|
| 加点 | | | | | | | 減点 |
| 性別 | | 年齢 | | | | 既存契約の有無 | 入籍後の日数 |
| 男性 | 女性 | 20代 | 30代 | 40代 | 50代以上 | 有 | 1ヵ月ごとに |
| 3 | 0 | 3 | 5 | 7 | 0 | 10 | -5 |

①業務知識と基礎集計から、
加点のルールを仮置き

②仮置きしたルールを過去のデータに適用
した場合の結果を見て、ルールを見直し

| 予測スコア | 新規加入あり* | 新規加入なし | 加入率（%） | 割合（%） |
|---|---|---|---|---|
| High：8点以上 | 200 | 3,000 | 6.3% | 12.5% |
| Middle：5〜7点 | 230 | 7,000 | 3.2% | 28.2% |
| Low：4点以下 | 250 | 15,000 | 1.6% | 59.4% |
| 合計 | 680 | 25,000 | - | 100% |

*過去データで実際に新規加入した人数

> スコアが高い人ほど加入率が高い（=ルールが妥当である）ことをチェック

> H・M・Lのスコアになった人の割合が適切かどうかをチェック

▶図2.5.12 ルールベースのスコアリングのイメージ

## ●機械学習を用いたスコアリング

　一方で、顧客が能動的に結婚の申請を行うケースばかりではなく、保険会社が結婚というライフステージの変化を明確に受け取ることができないケースも多いのが事実です。結婚というステータスが不明である以上、さまざまなデータを組み合わせて、結婚と同様にライフステージの変化をとらえ、保険加入に至るシグナルを集めることになります（注意が必要なのは、結婚を予測することが目的ではなく、あくまで保険加入意向を予測することが目的であること）。

　例えば、保険商品のWeb広告のクリック有無、自社ホームページの中で結婚に関するページの閲覧有無・閲覧時間・閲覧ページ数、既存の保険契約の名義変更や住所変更の有無、資料請求の有無など、顧客データ基盤に格納された多種多様なデータを組み合わせて活用します。予測をするために、こういった複数のデータ項目（これを特徴量と呼びます）を用いて数理的にス

コアを算出するのが機械学習によるスコアリングです（図2.5.13）。

　機械学習の結果は、（アルゴリズムに依存するものの）スコアが細かい小数点まで算出されるため、その結果を降順に並べてスコアが高い方からアタックリストに追加してコールセンターから架電する、といった使い方をすることができます。

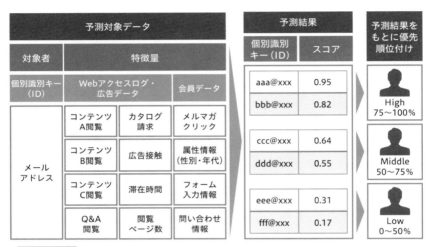

▶図2.5.13　機械学習を用いたスコアリング

　スコアリングをする際に、ルールベースでのスコアリングを行うべきなのか、機械学習でのスコアリングを行うべきなのかという点については、それぞれ一長一短があります。判断に迷った場合、保険会社のケースで挙げたように特徴量が多いか少ないかを一つの判断基準として用いることもできます。

　数多くの特徴量に対して、手動でルールベースの細かい重み付けをすることは現実的ではありません。機械学習のモデルを用いれば、特徴量の取捨選択と重み付けをアルゴリズムに準じて自動で行ってくれます。

　一方、機械学習を用いたスコアリングは、数多くの特徴量を用いて予測するため予測の精度が高くなりますが、なぜそのようなスコアになったのかという合理的な説明をすることが難しいケースがあります。数理的なアルゴリズムをデータサイエンティスト以外が説明することは非常に難しいため、ビジネスの現場では、より説明可能なルールベースのスコアリングが好まれることもあることを理解しておきましょう。

## 「ナマモノ」であるデータの扱い

　機械学習のプロジェクトに関わったことがある方であれば、「データの準備が8割」という言葉を聞いたことがあるでしょう。これは、データ分析を始める前の前処理に費やす時間が全体の8割を占めているという通説です。ここで言う前処理とは、いわゆるデータクレンジングや名寄せ、データエンリッチメントや特徴量エンジニアリングなど、集計や数理的なモデリングを行う前の処理を指しています。

　まず、この説は正しいとほとんどの方が頷くはずです。データは綺麗に整形されているケースばかりではない、というよりも、前処理が必要ないデータなど皆無であり、ゴミのようなデータが混じっていることも珍しくありません。データを活用することで、より大きなビジネスの成果を得られるはずが、データの前処理を正しく行わなかったことにより誤った解釈をしてしまうこともあり得るからです。

　まず、一般的にチェックすべきなのは「欠損値」と「外れ値」でしょう。一つの例を示すと、ある商品カテゴリを小カテゴリごとに分類し、小カテゴリごとの売り上げの変化を店舗ごとに見ていくことにしました。ただし、

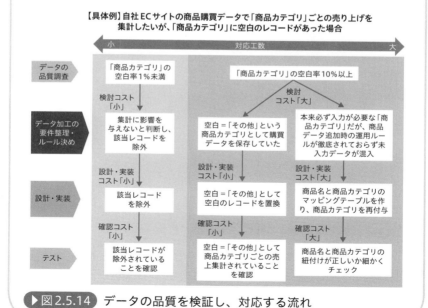

【具体例】自社ECサイトの商品購買データで「商品カテゴリ」ごとの売り上げを集計したが、「商品カテゴリ」に空白のレコードがあった場合

▶図2.5.14　データの品質を検証し、対応する流れ

データを見ていくうちに明らかになったのは、一部のレコードにおいてはカテゴリのデータが入っておらず、売り上げの総額と小カテゴリごとの売り上げの積み上げで誤差が出てしまったのです。これでは、欠損しているデータの多寡によって店舗ごとの売れ筋商品の推移が偏ってしまう可能性があるため、実態を調査し、どのように修正するかの判断と対応をしなければなりません（図2.5.14）。

　外れ値における処理も同様で、例えば、小売チェーン店において来店頻度が月に100回を上回るような顧客が存在した場合、転売目的の業者が特売品のみをハシゴして買い漁っているようなケースだと考えられます。こういったデータはロイヤル顧客の分析からは除外すべきです（逆に、不正利用の検知や特典の除外リスト作成などの目的においては必要となるデータ）。外れ値を識別するためには、データの分布を散布図やヒストグラムで確認することが有効となります。

　このようにある程度、決まった型で見ていけばそれだけでよいかといえばそうではありません。データを集計した結果から見えてくる傾向や特徴に敏感に気づき、どのように理由付けすることができるのか、業務知識も組み合わせた解釈が分析には求められます（図2.5.15）。

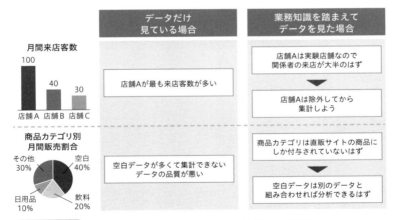

▶図2.5.15　業務知識を組み合わせた分析結果の解釈

　些細なデータの揺れや違和感を抱いて、ビジネスの観点から納得感があるのか確認したり、データの正確性を疑ったり、逆にデータから得られた新

たな示唆として認識すべきなのか、こういった判断にはある程度の経験が必要になります。機械学習を用いた場合、合理的な説明をすることが難しいため、小さな違和感も見過ごされてしまわないように注意しましょう。

データ分析はよく料理に例えられます。素データはあくまで食材であり、丁寧に前処理を行わなければ、美味しくいただくことはできません。食材の一部を切り落とせばよいのか（除外）、洗えばよいのか（数値を丸めたり、ビニングしたり）、食材ごとに正しく見極める必要があります。また、調理方法もさまざまであり、焼くのか、煮るのか（合計するのか、平均を取るのか）など、とにかくさまざまな方法があります。

データはナマモノであり、取り扱いに注意しなければなりません。一般的な手法は守った上で、実際にはそれには留まらないデータとビジネスへの理解を身につけて正しく活用へと導きましょう。

# 第2章チェックシート

| 顧客基盤構築・顧客データ分析のチェック項目 | チェック | | 参照項目 |
|---|---|---|---|
| 顧客データの統合および分析が求められる背景を十分に理解している | | → | 2.1 |
| 顧客データ分析に必要となる顧客データ基盤（Customer Data Platform）の知見を持っている | | → | 2.2 |
| 顧客データ基盤と一般的な業務システムとの違いを、顧客データ基盤の構築プロジェクトの関係者間で共有できている | | → | 2.3 |
| 顧客データ基盤の構築および運用保守における各部門の役割が明確になっている | | → | 2.3 |
| データのアセスメント、収集するデータの要件定義に時間をかけ過ぎていない | | → | 2.3 |
| 顧客データを統合するための名寄せについて理解している | | → | 2.3 |
| データ活用のための利用目的の提示状況について、適切に管理できている | | → | 2.3 |
| BI（Business Intelligence）環境を構築するアプローチが整理できている | | → | 2.3 |
| 顧客データ基盤を構築する際に、事前に考慮すべき事項を勘案した上で、スケジュールを組むことができている | | → | 2.4 |
| 顧客データを活用し、顧客を「分類」する方法を理解している | | → | 2.5 |
| RFM分析やクラスター分析を用いて、顧客を特徴に合わせて分類することができる | | → | 2.5 |
| 顧客データを活用し、顧客の行動を「予測」する方法を理解している | | → | 2.5 |
| ルールベースと機械学習を用いたスコアリングを、適切に使い分けることができる | | → | 2.5 |

第 3 章

# 企業内変革を実現する

# 3.1 組織変革・人材育成という落とし穴

## 乗組員がいなければ船もただの箱

　第2章までは、理想的な顧客体験や顧客理解に必要なデータ基盤の考え方について紹介してきました。データ活用が大海原を突き進む航海だとすると、理想的な顧客体験は美しい船体、データ基盤は動力部と例えることができ、多くの経営者やプロジェクトリーダーは、この立派な船が完成すれば必然的に航海は成功するものだと考えてしまう傾向があります。

　しかし、実際のところは立派な船体があっても船は進まず、場合によっては港を出ることなく失敗に終わってしまうこともあります。なぜそのような事態が起こってしまったのかを読み解くと、組織や人材の準備不足が原因となっていることがよくあります。

　船の乗組員で考えてみましょう。航海士がいなければ進むべき方向に舵を切ることはできませんし、機関士がいなければエンジンを調整・整備することができません。つまり、顧客体験やデータ基盤という素晴らしい船は、乗組員がいなければただの「箱」と化してしまうのです（図3.1.1）。

## 経営層の組織変革に対する甘い考え

　もちろん失敗をした多くの企業が、新しい取り組みに必要な組織変革や人材育成について全く考慮していなかったわけではありません。データ活用のために多くの企業が組織再編をし、業務変革に取り組んでいます。しかし、経営層から現場レベルまでが一貫して同じ意識・目的を持ってそれらに取り組めているとはいえません。うまくいっていない企業は、取り組みの思想と実態のズレが発生している状況だと筆者は感じています。

　本来、データ活用とは、その企業が保有するデータという資産を漏れなく活用することです。どこかの一部門がデータ活用に否定的であったり、目的意識にズレがあったりするだけで、その効果は大きく減少してしまいます。

　そうした齟齬が生じている企業では、データ活用の効果が出にくいという

ことになりかねません。データ活用に限ったことではありませんが、効果の
出にくい取り組みに対して、社員の変革意欲は縮小していくものです。最悪、
導入したデータ基盤は使われず、従来業務に戻ってしまうことも考えられま
す。

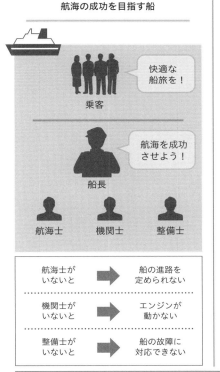
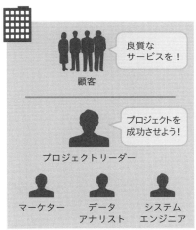

▶図3.1.1 データ活用に必要な人材と組織構造（客船 対 企業）

## 必要以上に組織や人材に不安を感じても進まない

　一方、組織変革に対して必要以上に懸念を抱くあまりデータ活用が進まない、つまり出航ができないようなケースも存在します。

　データ活用を進めるにあたり、多くの企業が必要なスキル・ケイパビリティを持った人材の確保を課題としています。データアナリストやデータサイエンティストなどの専門家がその最たる例でしょう。

　本書執筆時点で、自社内で優秀なアナリストチームを抱えている企業は稀です。データ分析を実施するために、多くの企業がアナリストを新たに用意しなければなりません。かつ、全社的なデータ分析を行うには、ある程度の規模でスキルを持った人材を集めなければなりません。しかし、仮にデータ活用の取り組みが失敗に終わったときには、採用にかけた膨大な時間やお金をどうカバーするか、その後のアナリストチームをどう運用すればいいかという問題が残ります。

　こうしたリスクを考えると、データ活用を推進することができないという考えに陥ってしまうのです。


## 適切な目標設定と目標を実現するための仕組みが重要

　ここまでに、本節では認識の甘さや必要以上の恐れがデータ活用に必要な組織変革の障害になってしまうと述べました。読者の皆さんの中にも、このような苦い体験をされた方がいらっしゃるかもしれません。

　そこでこの第3章では、実際の企業が抱えていた課題に触れながら、それらを解決するための考え方について具体的に述べていきます。データを活用して顧客体験を高度化していくことが目的なので、事業部門（マーケティング部門や営業企画部門）やIT部門といった、業務上、顧客データや顧客コミュニケーションに関わる部門の事例を取り上げます。

　以降、本章を前半と後半に分け、前半では組織の目標設定や目標を実現する部門の役割設計（組織を動かすためのKGI・KPI）について説明します。後半では、目指す組織の姿を実現していくための現実的なステップや手法（組織連携や人材育成）について紹介します。

# 3.2 組織を動かすための KGI・KPI設計

## KPIを運用することが目的ではない

　本節では、組織を動かすための目的意識の統一について述べます。企業全体でのデータ活用の目的は、その多くが収益の拡大やコスト削減にあります。現在では、多くの企業がそうした目的達成や管理のためにKGIやKPIを設定しています。部門単位で見てもKPIがしっかりと整理され、データを活用した施策による目指すべき効果をターゲットとして取り組みを進めています。実際に我々のクライアントとお話をする際も、「うちはしっかりとKPIを定めて運用しています」と回答されます。

　ところが、実際はKPIが整理されているだけで運用されていない、もしくはKPIが部門ごとに整理・達成されているにもかかわらず、収益向上につながっていないことがあります。

## トップダウンで取り組んだ顧客コミュニケーション改革

　なぜKPIが運用できていないのか、目標到達ができないのか。その要因の多くは組織機能とKGI・KPIの連動不足が挙げられます。

　各部門のデータを統合して、顧客属性の精緻化によるコミュニケーション施策の改善に取り組んだ企業の失敗ケースを見ていきましょう。

　ある消費財メーカでは、元々マーケティング施策として商品単位で顧客コミュニケーションを取っていました。例えば新商品が発売されるとSNSやテレビコマーシャルで発信し、自社ホームページを訪れた顧客をECサイトに誘導する仕組みです。従来の一般的な手法といえるでしょう。一方、広告施策の効果が可視化されていないという課題や、広告などを発信しても定期購入につながりにくいという課題も従来のままになっていました。

　そこで、自社ホームページやECサイトなどのバラバラだったデータを統合し、顧客一人一人の特徴を分析していくことで、これまでチャネルごとに統一感がなかった広告やキャンペーン施策、レコメンド等の誘導を最適化す

る取り組みを進めることになりました。

　この取り組みは、経営層からのトップダウンで始まりました。全社的な営業企画部門が取り組みを推進していることもあり、大きな効果を生んでいくだろうという期待が集まっていたのです。

● **全社的な収益向上を期待されていたはずが……**

　ところが、ある程度の期間、施策を回した上でその効果を測定したところ、収益向上率は想定よりも小さい結果になっていました。その原因を突き止めるべく、営業企画部門の統括者がこれまで運用していたKPI達成状況を確認します。その結果、いずれも取り組み前の前年に比べてCVR（コンバージョンレート）等が向上した結果が導出されており、各部門単位で見たときのKPIは、向上率は上昇しているにもかかわらず、全社で見たときの収益向上率につながっていないという現象が発生していたことが分かりました。

# 収益が向上しなかった原因①：KPIの不整合

　部門単位のKPIを読み解いていくと、広告などの施策に対して部門ごとにKPIが設定されており、顧客の流入数やCVRがしっかりと評価されていました。部門ごとにKPIが設定されているのに、なぜ収益向上につながらないのか。それは、部門間でのKPIが連動していなかったことが原因でした。

　具体的には、その企業では自社ホームページとECサイトの管理部門の間で問題が発生していました。一般的にECサイトでの購入者数を増やすためには、まずは母数を増やすために自社ホームページへの訪問者数を増やします。そして、ECサイトに誘導した後に離脱者を抑制することで購入者を増やしていくというアプローチが取られます。その考えに則って自社ホームページの管理部門は閲覧者数の増加をKPIに据え、一方でECサイトの管理部門はECサイトに流入した顧客の減少率の抑制をKPIに据えました。

　するとどうでしょう、自社ホームページの管理部門は閲覧者数をいかに増やすかに注力した施策を展開してしまいます（例：ホームページの中で著名人が出演するオリジナルの動画を展開する）。本来は、「ECサイトを訪問する可能性が高い顧客」をいかに増やすかが重要なはずです。その認識が薄れたままの施策を展開した結果、確かに自社ホームページの訪問者は増えたのですが、その訪問者達はECサイトには遷移しなかったのです。

また、ECサイト管理部門も流入した顧客の離脱率を下げることに注力したため、結果的に購買者がなかなか増加しないことの原因が隠れてしまいました（図3.2.1）。

上記はかなり極端な例ですが、いざ読者の皆さんがそれらの事業部門に身を置いていると、KPIが設定されているだけで安心してしまい、課題の本質を見落としてしまうことがあります。また、一度設定されたKPIが運用されてしまうと、そのKPIの達成に尽力せねばならず、KPI未達成に対する課題の追求はするものの、KPIそのものの問題については検討する機会がなくなってしまうのです。

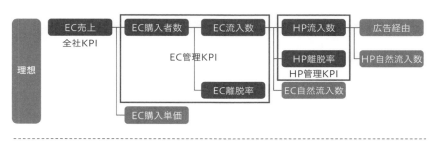

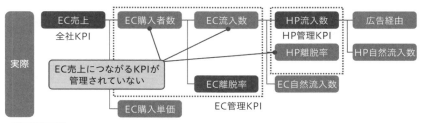

▶図3.2.1 部門間における KPI の不整合

## One to Oneマーケティング実施への取り組み変革

もう一つ、別のメーカの例を見てみましょう。その企業は事業部門ごとに商品を企画、管理しており、これまで商品単位でのブランディング広告に注力して施策を展開していました。そういったマーケティングやブランディングの文化が浸透している中、経営層が自社ECサイトに注力するべきと判断したことで、ECサイトを主体としてチャネル単位でオンラインでの顧客コ

ミュニケーション施策を打ち出す取り組みが立ち上がりました。

　プロジェクトの主体はECサイトの管理部門ですが、同時に各事業部門と協力する体制が敷かれ、全社的な取り組みになりました。取り組み自体は全社が連携した理想的なスタートであり、実際にECサイトへの流入を増やすために、当初は事業部門が連携して広告施策を打ち出していました。しかし時間が経つと各事業部門は従来と変わらずに商品軸でのブランディングに注力するようになり、チャネル間で連携されたコミュニケーションが取れなくなってしまったのです。

## 収益が向上しなかった原因②：KPIの重複

　このような結果になってしまった原因は、KPI管理の重複による、部門間の収益の食い合いが発生していたことにありました（図3.2.2）。そのため、後者のケースではECサイトの管理部門が独自にLINE公式アカウントを開発することになり、一つの企業の中に多くのLINE公式アカウントができたことで消費者の混乱を招く結果になりました。

　なぜKPIが重複したのかは、プロジェクトへの巻き込み方に問題がありました。当然このプロジェクトがスタートした際は、キックオフミーティングの中でECサイトの管理部門を主体として各事業部門と連携して進めることを合意していました。しかし実際にどう連携するかが明確になっておらず、プロジェクトを進めていくうちになんとなく情報を共有しましょう、というだけに留まってしまったのです。KPIについてもECサイトの管理部門が設計しましたが、あくまでもプロジェクト内のKPIという位置に留まり、各事業部門へも完成したKPIを共有するだけとなってしまったのです。

　ECサイトの管理部門にしてもマーケティング部門にしても、最終的な目標は売り上げを向上させることです。しかし、ECサイトの管理部門はECサイト上での売り上げを追わなければならないことに対して、各事業部門はECサイトでの売り上げだけでなく、店舗からの売り上げも目標スコープに含まれています。つまり事業部門としては全社的な売り上げが立つのであれば、必ずしもECサイトである必要はなかったのです。

　結果、まだ勝ち筋になるか分からないECサイトに注力するよりは、これまでのノウハウを生かしやすい店舗施策にリソースを割くようになり、ECサイトの管理部門とマーケティング部門が分断されてしまったのです。

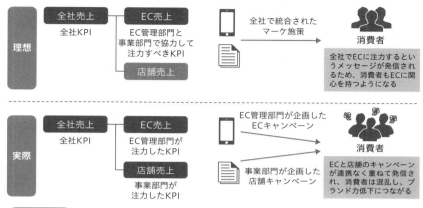

▶図3.2.2 部門間におけるKPIの重複

# KPI設定・運用で失敗する要因

　ここまで、KPIが原因でプロジェクトが浸透しなかったケースを紹介してきました。こういった問題は皆さんの企業で発生していることも多いのではいでしょうか？ これらの問題を回避するためにはどのようにKPIを設定していけばよいのか、深掘りしていきましょう。

### ◉KPIを設計・運用する意義

　そもそもKPIとはどう設計・運用されるべきかを考えます。KPIを設定する目的は「ある取り組みに対して、その効果を定量的に測ることで目標との乖離を明らかにし、課題点を明確に洗い出して解決方法を具体化するため」です。

　つまりKPIを適切に設計するには、次の両方が満たされていなくてはなりません。満たされていない場合、KPI本来の目的は果たされません。

　①目標が設定されている
　②目標に対して、その要因となる指標が整理・分解されている

　当たり前のように聞こえますが、実際はこの両方を満たすよう設定されて

いるケースが少ないため、KPIが形上の運用だけ、限られた領域だけの指標に留まってしまっているのです。あくまでもKPIは数字であり、本質はその数字を活用する組織のあり方です。

　ただし、顧客体験やコミュニケーションを設計、管理する工程は非常に複雑なため、企業によって組織の形は千差万別です。そのため絶対的な正解は存在しないのですが、多くの企業が組織変革に対する一般論を自社に当てはめようとし、歪みとなって運用を難しくしてしまうのです。あらためてKPIという観点で組織の粒度を考えていきましょう。

## KPIと組織の関係性

　データを活用して顧客分析を深め、顧客体験を高度化するとは、企業にとってどのような価値があるのでしょう？　この取り組みのゴールはなんでしょうか？

　ここでのゴールとはKGIであり、考え方は至ってシンプルです。顧客理解の深化、顧客体験の高度化は全て自社の商品やサービスを購入、継続してもらうことであり、一言で言えば売り上げの増加です。

　「売り上げ＝顧客数×顧客単価×継続率」であり、各指標を分解して整理していけば自ずと整理された顧客理解・顧客体験（コミュニケーション）のKPIが出来上がるでしょう。非常に簡潔なので、多くの方がすぐに設定してKPIの検討完了！　と思われるでしょう。KPI自体はシンプルですが、シンプルゆえに落とし穴となってしまうケースがあるのです。

　なぜ、落とし穴になるのか。それはKPIが体系化されたことに満足して、それ以降、業務に生かされなくなってしまうからです。

　当然、KPIは測定することが目的ではなく、その結果をもとに改善アクションを生み出すために運用するべきです。しかし、その結果と改善アクションの粒度がずれていては、適切な運用ができているとはいえません。

　例えば、チャネルに関係なく売り上げが下がっている場合に各チャネルがバラバラにコンバージョンを改善する取り組みをしても、改善は期待できません。

　また、特定のチャネルで売り上げが下がっている場合にブランディング施策を実施しても、その施策コストに対して改善効果は微々たるものになります。特定のチャネルに問題があるにもかかわらず全体改善を試みても他の

チャネルへの改善効果は小さいため、費用対効果が合わなくなるのです。

こういった問題を抑制するためには、KPIは改善施策を行う粒度で設計され、かつ全体KPIと個別KPIの整合が取れていなければならないのです（図3.2.3）。

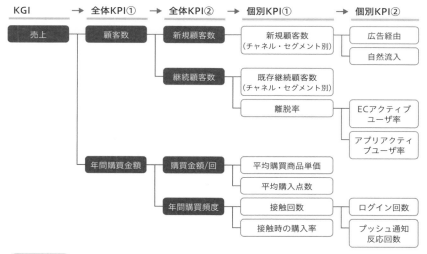

▶図3.2.3 顧客体験に関わるKGI・KPIのイメージ

## 顧客体験高度化KPIの考え方と関連組織

KPIを設定するには、大きく分けて二つの考え方があります。一つは個別の施策を管理するためのKPI、もう一つは売り上げにつながる全体の施策を管理するKPIです。基本的にはどちらかだけで運用ということはなく、両方の考え方で並行して運用するのが望ましいでしょう。もちろんそれぞれのKPIが全く連動していない場合は問題外ですが、そうでない限り、運用しやすい考え方に沿ってKPIを活用することが業務をスムーズにします。

では、それぞれのKPIと関連組織の粒度について考えていきましょう。

## ● 個別施策単位で管理するためのKPI

個別施策のKPIの考え方は至ってシンプルで、個別の施策を実施する組織や業務の単位で設定・管理されるものです。

例えば今期商戦においてWeb広告を発信する場合、Webマーケティング部門がどんな広告をどんなターゲットに打ち出すのかを検討するでしょう。個別施策単位でKPIを見る場合は、この施策を打ったことだけの効果がどれほどのものだったのかを評価することになります。Web広告の場合は、クリック数や広告ページから自社サイト流入後の会員登録数などのコンバージョン率が指標となります。

当然、このKPIは、今回個別に打ったWeb施策がどれだけプラスに働いたのか、他の個別施策と比べて価値のある取り組みだったのか、広告を打つのにかかったコストを回収できたのかといった検討に活用されます。このKPIをもとに次期施策の改善を行うのは当初施策を実行したWebマーケティング部門となるため、KPIの設定と運用が同一組織となります。

このように個別施策単位でKPIを設定、運用する場合は基本的に同一組織の中で完結することがほとんどであるため、KPIが運用されていないなどの問題は発生しません。

## ● 売り上げにつながる全体施策を管理するためのKPI

一方で、売り上げにつながる全体施策のKPIは、複雑になるケースがほとんどです。なぜならば、多くの企業でチャネル軸の管理と商品・サービス軸での管理を別々の組織で行っているためです。分かりやすくメーカの例で見ていきましょう。

これまで述べたように、顧客体験のKGIは「売り上げ＝顧客数×顧客単価×継続率」です。しかし、同様にKGIを売り上げとしている組織は事業部門だけではありません。メーカでは商品を製造するために原価計算や稼働管理をしながら、工場を稼働させ続けなければなりません。つまり、製造部門や工場は製品を製造するのにかかったコストを商品売上によって回収できているかを見なければならず、同様に売り上げをKGIとしています。

事業部門も製造部門や工場と同じように売り上げをKGIとしていますが、実はそのとらえ方に大きな違いがあります。工場側の売り上げは顧客数の積み上げとして試算するのではなく、売れた商品の積み上げとして試算します。つまり、「売り上げ＝商品Aの総売上＋商品Bの総売上＋……」です。す

ると、売り上げを上げるために事業部門がチャネル視点で取り組みを進める一方で、製造部門は商品単位で企画やブランディングを行うことになります。

実際にこの考えの違いが顧客コミュニケーションに影響を与えてしまった例を見てみましょう。とある国内メーカでは若者向けから年配向けまで幅広く商品を取り扱っていました。その中で、なかなか年配向けの新商品の売り上げが奮わないことから、製造部門から年配向け新商品を広く周知するために広告などを強化してほしい、と事業部門に依頼がありました。事業部門としても売り上げを上げることに反対はないので、それぞれ自分達が運用するサイトやSNS、Web広告を通して大々的に年配向けの商品広告を発信しました。

その結果、年配向けの新商品の売り上げは上がったのですが、逆に若者向けの売り上げが低下してしまったのです。これはSNSなどのユーザーの半数以上が若者であるにもかかわらず、年配向けの商品を発信し続けたことで若者の興味が損なわれて客離れを起こしてしまったからです。

その後、事業部門はSNSからの発信を控えるようにしようとしましたが、当然その頃にはSNSからの年配者の流入も増えてきており、製造部門から合意を得ることができず、明確な手立てを打つことができないままに時間を消費してしまいました（図3.2.4）。

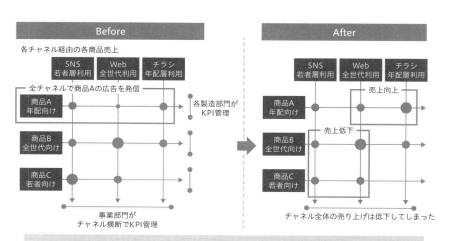

▶ 図3.2.4　施策の個別最適化失敗例

このように事業部門と製造部門や工場が別々の考えを持ってKPIをとらえているために、解決策が定まらずに一つの施策を打つまでに時間がかかってしまうケースがあります。もしくは、企業によっては事業部門が単にWeb広告やECサイトの管理部門になってしまっているケースもあります。それでは事業部門が顧客体験を高度化し、売り上げを向上するために機能しているとはいえません。

　このように、組織ごとの売上構成に対する考えの違いがKPIの管理を複雑にし、企業としての動きを鈍化させてしまうのです。

## チャネル単位KPIと商品単位KPIの管理組織のパターン

　では、複雑になりがちなKPIをより清流化するためには、組織をどうしていけばよいか考えてみましょう。本項ではいくつか考え方のパターンを紹介しますが、適した形は企業ごとに異なります。ぜひ、自社の事業や組織の形と照らし合わせてご検討ください。

　実際は、顧客体験KPIの運用に関わる組織は事業部のマーケティング部門や営業企画部門、商品企画部門、工場、IT部門など複数の組織が存在します。ここでは特に複雑化する要因となるマーケティング部門・営業企画部門と商品やサービス企画部門にフォーカスして考えていきましょう。

　KPIとは改善施策に取り組むためのものであると同時に、そのKPIを管理する組織には数字に対する責任が発生します。責任を持つとは最終的な実行の判断を下すということです。KPIと関連して組織のあり方を考えるために、マーケティング部門や営業企画部門と、商品やサービスの企画部門が持つ判断責任の振り分けにフォーカスして、組織構造を整理していきましょう。

　本書ではデータを活用して、最適な顧客体験を実現することを目的としています。そのため商品やサービス主体ではなく顧客主体での組織構造を作っていくことが前提となります。

　その上でマーケティング・営業企画部門と商品やサービス開発部門の責任配分パターンを大きく三つに分けていきます。本書では、①組織合併パターン、②直列連携パターン、③並列連携パターン、として説明します。

### ◉消費者視点でのマーケティング組織の考え方

　三つの組織パターンを考える前に、現代におけるマーケティング・営業企

画部門や商品開発部門のあり方について、前提を置いていきましょう。これまで自社内の管理という視点で個別施策単位でのKPI設定・運用による収益向上について述べてきましたが、重要なのは消費者にどういった企業や商品だと思ってもらうか、いかに購入したいという気持ちにつなげるかです。当たり前ではありますが、明確な意図がないままに、キャッチーな言葉やタレント・モデルを起用した広告を発信することではなく、自社の商品やサービスを正しく認知してもらう、そして購入意欲を醸成させていくことです。

　しかし、現代の消費者は多くの企業や商品に囲まれながら生活をしているため、印象的な商品や企業でなければ認知されるのが難しくなっています。デジタル技術が消費者の生活に浸透する前は、モノを売るためのコミュニケーションが主体であり、「良いもの」が「いかに安いか」が、消費者に伝えるメッセージでした。しかし、消費者がさまざまな情報に触れる機会が増えたために、「自分の人生や生活に本当に価値あるもの」を求めるように変化していきました。そのため、皆さんの企業の商品やサービスがいかに消費者にとって価値のあるものなのかをメッセージとして伝えなければ、購入意欲を刺激することが難しいのです。

　企業が消費者に顧客体験を通してメッセージを伝えることは簡単ではありません。さまざまな広告が氾濫する中、パッと目を引くキャッチーなフレーズだけで伝えることは確実性がなく一過性の流行に留まってしまいます。ではどうするか。それは真にメッセージを届けたい消費者に対して、企業として一貫性のあるメッセージを発信し続けることです。

　このメッセージとは、広告だけではありません。商品のコンセプトなども通して、消費者に「この企業は、○○○○を大事にしている僕らにこんな素晴らしい商品やサービスを作り続けてくれている」と継続的に思っていただくことが重要です。

　そのためには、顧客コミュニケーションと商品のラインナップを通した自社ブランディングに統一感が必要です。永く世に浸透している商品（例えばApple社のiPhoneなど）は、商品だけでなく企業そのものに対するイメージが固まっていることが多いと思います。これはマーケティングとブランディングに統一感があるためです。

　現代の消費者にメッセージを届けるための理想的なマーケティングやブランディングを行っていくという前提のもと、三つの組織パターンについて見ていきましょう。

## ◉ ①組織合併パターン

　このパターンはマーケティング・営業企画部門と商品・サービス企画部門を合併し、マーケティング・営業企画部門の中に商品企画機能を取り込む方法です。当然、KPIの最終責任は合併された組織がまとめて負う形になります。すでにこの形をとっている企業も存在しますが、ここではそのメリットとデメリットを説明します（図3.2.5）。

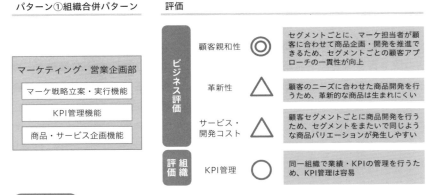

▶図3.2.5　①組織合併パターンのメリット・デメリット

　まずはメリットについて説明します。マーケティング・営業企画機能と商品企画機能がセットになっているため、ターゲットがぼやけた商品は生まれにくいという点が挙げられます。昨今では顧客のニーズや興味関心は細分化されており、自身に最適な商品だと納得できなければ、消費者は購買に踏み切れません。そのため、顧客視点で「体験設計＋商品企画」を行うことで顧客へのコミュニケーションと商品のコンセプトのズレが解消されて、ダイレクトに商品が顧客に刺さるようになるのです。

　デメリットは、顧客セグメントを横断した商品が生まれづらいことです。その結果、実は似たような商品であるにもかかわらず僅かなセグメントの違いによって商品やコミュニケーションのバリエーションが増え、コストがかかってしまうことになります。

　この組織合併パターンが最適なのは、すでに商品やサービスのバリエーションが豊富である、カスタマイズすることが前提の商品（例えばPCなど）を多く取り扱っている、全セグメントに対して広く販売する代表的な商品が

ないといったケースです。仮に全セグメントに対して広く販売する代表的な商品がある場合でも、特定の商品のみ部門を分けて独立したマーケティング組織を作ることで、組織合併パターンを実現しているケースもあります。

### ● ②直列連携パターン

このパターンではマーケティング・営業企画部門の配下として商品企画部門を配置します（図3.2.6）。KPIの最終責任はマーケティング部門が負います。そのため、商品企画はマーケティング・営業企画部門からの指示によって行われます。商品開発に必要なコスト管理については、コストの試算は商品企画部が行い、その判断はマーケティング・営業企画部門が主体となって行います。

複雑な業務体系に見えるかもしれませんが、業務は明確に分かれることになるので、指示系統が煩雑化することは避けられます。

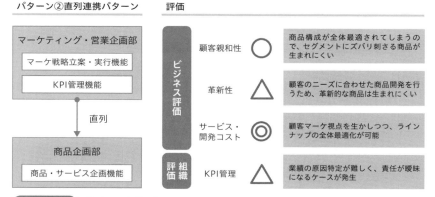

▶図3.2.6 ②直列連携パターンのメリット・デメリット

この形態でのメリットは、企業全体として統一感のあるマーケティング施策やラインナップを作りやすいことです。①組織合併パターンと同様なメリットに思えますが、一貫性を持たせる粒度が異なります。①組織合併パターンはセグメント単位で一貫性を持たせるのに対して、②直列連携パターンは企業全体や特定の商品グループといった広い範囲で一貫性を持たせます。大きな範囲で一貫性を持たせることで、消費者に対してより企業のイメージを浸透させやすくなるのです。

デメリットは、商品構成やコミュニケーション施策が全体最適化されてしまうために、それぞれのセグメントにズバリ刺さる商品が生まれにくくなることです。企業全体で見ると統一したイメージを持つことができますが、商品単体で見ると強い購買意欲がそそられない事態になる可能性があります。このデメリットは、①組織合併パターンと裏返しの関係にあります。

この②直列連携パターンが適しているのは、自社の代表商品がはっきりしており、ラインナップがその主商品を中心とした派生によって構成されているようなケースです。

● ③並列連携パターン

並列連携パターンは、マーケティング・営業企画部門と商品企画部門が同じ裁量権を持つ方法です（図3.2.7）。とはいっても、それぞれが独立してマーケティングや商品企画を行うのではなく、それぞれが戦略検討の段階で目指すべきマーケティングの方針やラインナップ拡充の方針を整理し、双方の意見を取り入れるハイブリッド戦略を打ち出していきます。

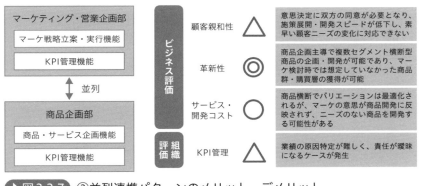

▶図3.2.7 ③並列連携パターンのメリット・デメリット

ここで注意しなければならないのが、各部門が独立してそれぞれの業務範囲を自部門の裁量で行うのではなく、双方が自部門の枠を超えて戦略を検討することです。顧客視点（売上視点）と量産視点（コスト視点）、それぞれの観点で検討を進めます。それぞれの部門がお互いの業務に関与しなければマーケティング・営業企画部門と商品企画部門の方針はバラバラになってし

まい、顧客へのメッセージに統一性がなくなります。

この形態でのメリットは、売上視点とコスト視点で双方の最適解を得やすいことです。マーケティング視点だけではコスト視点が軽視され、量産視点だけでは顧客へのアプローチが弱くなってしまいがちです。マーケティングや商品企画の裁量権をあえて同等にすることで、バランスが取れた戦略を生み出すことが可能です。また、商品企画部の方針が採用され、セグメント横断で企画をするケースではマーケティング・営業企画部門にとって想定していなかった商品群や顧客層の獲得につながるケースもあり、企業としての知見を蓄えることにもつながります。

デメリットとしては、実際に商品を上市するまで議論するため、結果的にマーケティングの施策や商品開発のスピードが低下するということが挙げられます。昨今は、非常に速いスピードで消費者のニーズが短期間で変化していくため、商品開発が遅れた結果、いかにいい商品ができたとしてもすでに消費者の目に留まらない可能性があるのです。

また、マーケティング・営業企画部門と商品企画部門の折衷案となり、どちらにとっても中途半端な方針となってしまうことがあります。本来目指したかった顧客へのメッセージがぼやけてしまうことも多いため、最終的な意思決定のスピードや最終意思決定者の判断に依存する、難しい組織パターンともいえます。

この③並列連携パターンは、既存の商品とは異なる新たな事業を立ち上げていたり、世の中の流行りに大きく依存しない商品を取り扱っていたりする業態が適しているでしょう。

### ◉KPIと組織運用の関係性

ここまで、本章ではKPIを基点として、それらを運用する組織の考え方を説明してきました。KPIとは単純に業績を管理するための数値ではありません。その結果を適切に戦略に反映させるための組織的な仕組みとセットになって、効果を発揮するものです。また、組織は、自社の商品やサービスの特徴によってその適切な形が変わってきます。

これらは、お客さま一人一人に満足してもらえる商品を常に生み出していくために必要です。従来のような画一的な顧客コミュニケーションが通用しなくなっている中、お客さまに向き合うためにKPIと組織運用を見直すことが、ビジネスを発展させるには必須なのです。

# 3.3 基盤構築における 組織的役割

## データ基盤を導入するだけではうまくいかない

　本書では、顧客体験や顧客コミュニケーションを高度化するためには、顧客を適切にとらえるデータ基盤が必要になると説明してきました。新たな取り組みを行う上で新たなデータ基盤やツールの導入がセットであることは、もはや疑う余地はないでしょう。

　では、データ基盤やツールを導入しただけでビジネスが発展したケースを、皆さんはどれだけご存知でしょうか？　もしくは、データ基盤を導入したけれど導入しただけで放置されてしまい、業務の中で使われなくなってしまったといったケースを身近で聞いたことはありませんか？

　後者のように、ビジネスの発展を目指して投資を行ったけれども、結果として業務には浸透しなかったというのは珍しいことではありません。データ基盤を導入した直後にビジネスのあり方が変わり、活躍の機会を失ったという可能性もありますが、多くは「導入した基盤と業務がマッチしなかった」という理由が多いのではないでしょうか。

　この3.3および3.4では、「導入した基盤と業務がマッチしなかった」という事象が発生しないようにするためのデータ基盤や、ツールと組織の関わり方について述べていきます（図3.3.1）。3.3ではデータ基盤やツールを導入する期間、すなわちデータを活用した顧客体験実現に向けた準備における組織の役割について、3.4ではデータ基盤やツール導入後の運用における組織の役割について説明します。

　システム導入をテーマとした話のため、内容の多くはIT部門に関係したものになりますが、ここではシステムをビジネスに活用するのは事業部門という前提があります。このため、本書では運用を意識して事業部門を主体に考えていきましょう。

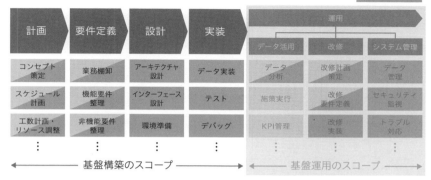

| | | | | 事業部門が主担当となる業務 |
| IT部門が主担当となる業務 |

| 計画 | 要件定義 | 設計 | 実装 | 運用 | | |
|---|---|---|---|---|---|---|
| | | | | データ活用 | 改修 | システム管理 |
| コンセプト策定 | 業務棚卸 | アーキテクチャ設計 | データ実装 | データ分析 | 改修計画策定 | データ管理 |
| スケジュール計画 | 機能要件整理 | インターフェース設計 | テスト | 施策実行 | 改修要件定義 | セキュリティ監視 |
| 工数計画・リソース調整 | 非機能要件整理 | 環境準備 | デバッグ | KPI管理 | 改修実装 | トラブル対応 |
| ⋮ | ⋮ | ⋮ | ⋮ | ⋮ | ⋮ | ⋮ |

←――――――――― 基盤構築のスコープ ―――――――――→ ←――――――― 基盤運用のスコープ ―――――――→

▶ 図3.3.1 データ基盤運用までのステップと開発フェーズのタスク例

# システム導入における IT と事業部の歩み寄り

新たにシステムを導入する、特に導入するシステムの規模が大きく、投資の規模が大きいほど、導入するにあたって関係する部門が増えていきます。一般的にはシステム導入の上申は IT 部門が行いますが、その過程で利用部門である事業部門を巻き込んで必要な要件を整理していくことになります。

多くが IT 部門、今なら特に DX 戦略検討部隊が全社的なシステム活用の方針を旗揚げし、実際に業務として活用するために事業部門を巻き込んで議論を進めていきます。実際に使う側の意見を取り入れてシステム要件として整理し、本当に必要なシステムを洗い出していきます。多くの企業がこのプロセスを踏んでいることでしょう。

### ◉歩み寄っているつもりが、距離が縮まらない原因

では、なぜこのプロセスを踏んでいるにもかかわらず、実際に運用されると事業部門がシステムを使わなくなってしまうのでしょうか。

その原因は二つあります（図3.3.2）。一つが IT 部門と事業部門の相互理解不足、もう一つが設計段階における主導バランスの悪さです。

1つ目は、要件を擦り合わせているつもりでも、実は事業部門がデータを正しく理解していなかったり、逆に IT 部門が業務一つ一つの意味を正確に

理解していなかったりと、僅かなズレが運用に大きく影響を及ぼしてしまうようなことが該当します。2つ目は、IT部門が必要以上に主導してシステム構築を進め、機能が増え過ぎ、結果的に事業部門が使いこなせない無駄な機能を多く備えた設計になってしまったというケースが該当します。

　以下、本節では上記のケースについて実例を交えながら、その原因を理解して回避方法を考えていきます。

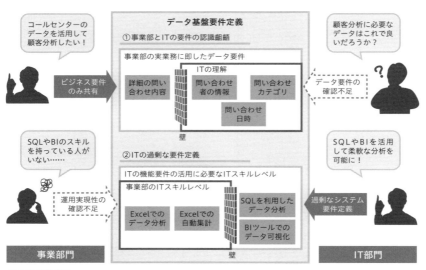

▶図3.3.2　事業部門とIT部門の相互理解と期待値のズレ

## 実運用に耐えられないデータ基盤の要件定義

　まずは、原因の1つ目の例として、「IT部門と事業部門の相互理解不足」が発生した、金融サービスを提供する企業を見ていきましょう。

　こちらの企業では、さまざまな企業が提供する金融サービスを一覧で見ることができるオンラインプラットフォームの台頭により、自社店舗での成約率が下がりつつあることを危惧していました。解決策として、ホームページ閲覧や問い合わせをしてくれた顧客を来店までつなげるために、オンライン施策を打ち出す取り組みを決定しました。その取り組みは、コミュニケーションの頻度向上を最重要施策とした、次のようなものでした。

- 会員サイトやキャンペーンサイトを最初の顧客接点として活用
- 会員に打ち出すキャンペーンを画一的なものにするのではなく、会員ごとに属性やWeb上の行動を適切にとらえて、コミュニケーション（キャンペーンの内容など）を変えること

この企業では、オフラインの顧客接点として店舗だけでなく電話での相談にも力を入れていたため、問い合わせや相談情報というものを取り込むことでこれまでのオフライン接客の強みを生かしたオンライン施策につなげ、台頭してきた金融プラットフォームに対抗する、という狙いがありました。

それらを実現するためには、マーケティングオートメーションツールだけでなく顧客理解の軸となるデータ基盤も必要となります。大規模な投資案件としてDX戦略部門が主導し、実際の要件定義は子会社であるIT企業が推進、事業部門と連携しながら進める形となりました（図3.3.3）。

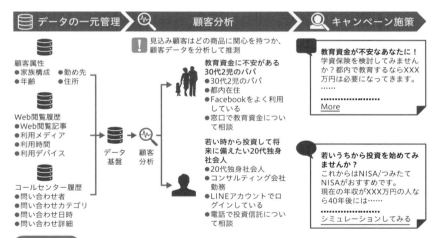

▶図3.3.3 目指しているデータを活用したコミュニケーション施策

### ● 事業部門が望んだ機能を欠いた要件定義

このシステムがどうなったかというと、事業部門がデータ基盤を十分に活用することはなく、既存のマーケティングオートメーションツールのみの運用に戻りました。

ではなぜこうなってしまったのか、読み解いていきましょう。このシステ

ム構築プロジェクトにおける登場人物は、次の三者です。

①本社事業部門
②実際にシステム構築を行うIT子会社
③予算やスケジュールを管理する本社DX部門

　プロジェクトは本社DX部門が発足したものですが、早々に本社事業部門を巻き込むことでプロジェクト自体の経営層判断は非常にスムーズに進みました。ここまでは理想的な形で進んだといえるでしょう。

　予算が下りたことでIT子会社に開発を委託する形でプロジェクトが進むことになり、そのIT子会社が主体となって要件定義を進め、本社事業部門と連携をしながら調整を進めました。

　本社DX部門が打ち出すデータ基盤の設計思想をもとに、本社事業部門がデータを使って打ち出したい施策を整理し、施策実行に必要なデータをIT子会社が整理しながら要件定義は進みます。実際に要件定義もスムーズに進んでいったのです。

　大きな問題が発覚したのは実際に基盤構築が進み、その後の顧客ダッシュボードの詳細要件を整理している最中でした。あらゆる顧客データを統合する基盤ということで、当然、契約情報や個人情報、電話対応の履歴などを全て取り込んでダッシュボードに表示させようとしていました。しかし、ダッシュボードで可視化できる情報が、事業部門が期待していたものではなかったのです。

●事業部門が求めたデータ活用

　具体的には、データ基盤に蓄積された問い合わせデータ（コールセンターから出力）が事業部門にとっての問題点になっていました。得られる情報が顧客理解を深めるには十分でなかったのです。コールセンターが管理するデータは、「1 問い合わせ者の情報」「2 問い合わせカテゴリ」「3 問い合わせ日時」「4 詳細の問い合わせ内容」です。1〜4については個人情報と連動させ、基幹システムで管理しています。4については、コールセンターが問い合わせ対応の品質向上のために別のシステムベンダによって独自に開発したシステムでした。つまり、当初からデータが連動しているわけではなかったのです。

プロジェクトの納期の問題やコールセンターとの調整が難航したことにより、4が統合データから外れてしまったことを事業部門は共有できていませんでした。実務では詳細な問い合わせが必要情報であるにもかかわらず、それがダッシュボードで確認できないということが分かったのです。

金融サービスにおける問い合わせ内容は、非常に複雑です。単純な問い合わせカテゴリだけでは、顧客がどんな悩みを抱えているのか把握できません。問い合わせという「お客さまの声」を顧客コミュニケーションに活用するためには、詳細な問い合わせの分解が必須でした。それができないことが判明した段階で、当初、事業部門が想定していた顧客分析の精度が下がり、高度な分析を前提とした顧客理解や顧客コミュニケーション施策が不可能であることが分かったのです。

### ◉相互理解がなければ実運用に耐えられるシステムはできない

ここまでの話では、原因はIT子会社の確認不足にあると思うかもしれません。しかし、本質的にはIT子会社だけの責任ではありません。なぜならば、事業部門が現状のデータの持ち方やデータの内容について適切に理解できていなかったことが根本にあり、伝えるべき要件に漏れがあったのは事実だからです。

もちろん、IT子会社にも問題がありました。例えば、必要とされたデータを具体的にどう業務に活用するのか、正確に理解できなかったことが挙げられます。親会社と子会社には業務連携に壁が存在するケースが多く、例えば、親会社と子会社をまたいで簡易的な会議を実施する文化が醸成されていない、責任者の名前は分かるが現場の担当者が分からない、といったことが発生します。

例に漏れず、このIT子会社も事業部の業務に踏み込んだヒアリングを行っていませんでした。そうした中、本社DX部門はスケジュールを最優先で進めたために、事業部門と連携しているようでも、表面的な内容しか共有できていなかったことが根本的な問題でしょう。

### ◉本来企業が成し遂げたい、理想的な顧客コミュニケーションの仕組み

データを活用するということは、誰かの一方的な歩み寄りだけでは実運用に耐えられません。業務要件を整理するには、多くの企業で業務担当部門が「やりたいこと」を抽出し、それらをIT部門が「アーキテクチャと機能要件」

に落とし込みます。しかし、その「やりたいこと」は昨今の複雑化する顧客コミュニケーションにおいては、正確に伝えることは困難です（図3.3.4）。だからこそ、事業部門はデータのことを適切に理解して「やりたいこと」を抽出し、IT部門は実業務を理解した上で「アーキテクチャ」に落とし込まなければなりません。

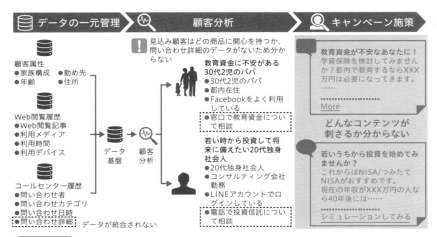

▶図3.3.4　問い合わせデータとその活用における認識のズレ

　結局、この金融サービスを提供する企業は、新たなデータ基盤では「やりたいこと」ができないと判明したために、多大な投資をしてデータ基盤を構築したにもかかわらず、事業部門が使い慣れた、既存のマーケティングオートメーションツールの運用に戻ってしまいました。

## システム構築における主導のバランス

　実際に運用されると事業部門がシステムを使わなくなった例の2つ目として、「設計段階における主導バランスの悪さ」が発生した不動産仲介業者のケースを見ていきましょう。

　こちらの企業では、現在運用している賃貸紹介サイトにおいて新規流入者を増やすとともに賃貸契約のマッチング率を向上させるために、顧客理解を深めるデータ基盤の構築プロジェクトが発足しました。発案部門はDX戦略

を検討するIT部門です。彼らが主導して、実業務について精緻に整理しながら要件定義を進めました（図3.3.5）。IT部門内に他企業で同様のDX推進を行っていた人材がいることもあり、世の中の最新情報をとらえた理想的な要件を抽出していったのです。

先のケースと違い、IT部門が事業部の業務に深く入り込んで業務整理を行ったため、システム要件と事業部の業務に対する認識のズレは起こらず、最先端かつ自社にあった理想的なシステムを構築できると期待されました。

しかし、実際には事業部門がその構築されたデータ基盤を使いこなすことができずに終わってしまったのです。それどころか、使われていない機能が多く存在する中、別の追加機能開発が進んでいき、開発コストだけがかさんでいきました。

このような結果になった原因は、実にシンプルなものでした。事業部門のシステムやデータに対するナレッジや分析スキルの不足という点を、IT部門が把握できていなかったのです。

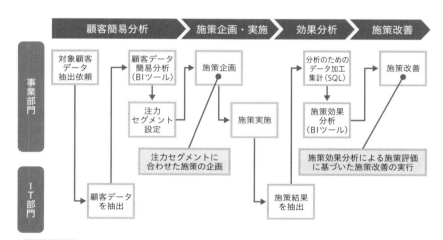

▶図3.3.5 IT部門が要件定義した業務フロー

◉業務理解だけでなく、業務担当者のスキルも理解しなければならない

データ活用が企業にとって重要である、と世の中で浸透する以前は、事業部門が分析したい内容をIT部門やアナリストに依頼し、彼らが分析を行った結果を事業部門が受け取り、施策を検討するというフローが一般的でし

た。しかし、昨今では顧客コミュニケーション施策をいかにスピーディに打ち出していくかが重要になっており、事業部のマーケターが自身で触れるようなデータ基盤、分析環境を構築するケースも珍しくありません。

　上記の思想に則り、こちらの企業ではマーケター自身がデータを触りながら分析を行うよう、機能設計が進められました。もちろんデータを扱うイメージは事業部門で共有されていましたが、IT部門が主体となって検討していました。そのレビューを事業部門が行う構図になっていたため、「これはできそう」ではなく「こんなことができたらいいな」という事業部門の考えだけで進んでしまいました。

　その結果、データ基盤と分析環境をリリースしてもマーケターは自身で簡易的な分析を行うことはできず、マーケター自身がデータを扱うようにはなりませんでした。リリース後もIT部門がより使いやすくなるようさまざまな分析機能を追加していきましたが、マーケターにとっては複雑性が増しただけに見えてしまい、分析環境を使いこなすことはなかったのです。

## ◉ 担当者のスキルレベルを見落とした結末

　分析だけでなくキャンペーンなどサイト内情報を発信する際も、データ基盤に蓄積した多くの顧客行動ログを多角的にとらえ、さまざまなセグメントに合わせてバナー表示やポップアップメッセージはもちろんのこと、チャットボット機能まで設計がなされました。

　しかし、どれだけ詳細にセグメントを分けても、マーケターは広告のクリエイティブを用意してセグメントごとに適切な振り分けを検討することができませんでした。細分化されたセグメントも、データ活用の出口である広告などを見ると多くのセグメントに同じクリエイティブを出すだけの運用となっており、十分にデータ基盤を活用できているとはいえない結末になってしまったのです（図3.3.6）。

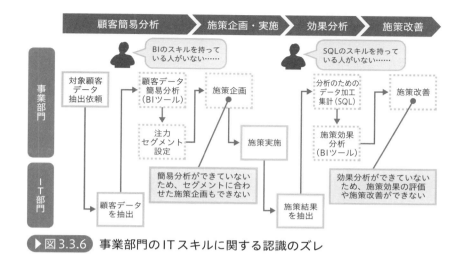

▶図3.3.6　事業部門のITスキルに関する認識のズレ

## 基盤構築でのIT部門と事業部門のあるべき役割

　ここまで、データ基盤構築における失敗事例について紹介してきました。失敗したという結果だけを見ると、その原因はIT部門と事業部門の連携不足にあるといえます。ではどうして連携不足が発生したかというと、それぞれのあるべき役割がマッチしていなかったためでしょう。

　データ基盤を導入する際、顧客コミュニケーションが複雑化するに伴い、従来以上により深く戦略を練って設計しなければなりません。顧客一人一人と最適なコミュニケーションを取るためには、マーケターがしっかりと活用できるデータ基盤が必要です。マーケター自身が先端のシステムを使いこなすためのスキルアップが必要で、顧客体験やコミュニケーションの最適解は企業によって異なります。

　事業部門とIT部門が互いに歩み寄って、初めて理解を深めることができます。そのためには事業部門はデータやアーキテクチャを理解し、IT部門はマーケティングの実業務を理解することが求められています（図3.3.7）。

　この3.3ではデータ基盤構築における各部門の役割について説明しました。次の3.4では構築後の役割について見ていきます。運用中は主役が事業部門になるため、事業部門を中心とした役割について事例を交えて説明します。

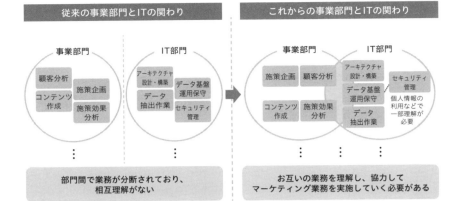

▶図3.3.7 事業部門とIT部門の歩み寄るべき領域

# 3.4 顧客コミュニケーション施策の運用上の組織的役割

## 事業部が直接データを触る環境へと変化

3.3では、データ基盤等のシステム導入におけるIT部門と事業部門の役割の考え方について述べました。この3.4では、システム導入後の運用における組織の役割について説明します（図3.4.1）。

データ基盤を運用する主体は実務担当者、つまり、事業部門が主軸となります。ここまでに述べたように、データを活用して顧客体験を設計しコミュニケーションを高度化するためには、事業部門が分析したい内容をIT部門に伝え、アナリストの分析結果を事業部門が受け取ってコミュニケーション施策に生かしていくことが一般的です。しかし、今後はよりスピーディな施策展開のために、事業部門自体がデータを触る機会が増えていきます。

本節では、事業部門が直接データを触る上での、関係部門との役割に対する考え方について説明します。事業部門とIT部門の連携だけでなく事業部門と現場（店舗や現場スタッフなど）との連携、事業部門内の役割の整理が重要になりますが、それらを怠ってしまうと、当初は想定していなかったトラブルも発生します。

それぞれ、実例に沿って、次の内容を紹介します。

◉ 小売業者での事業部門とIT部門における運用トラブル
◉ 保険会社での事業部門内の運用トラブル

これらのトラブルケースから、あるべき運用中の組織機能について考えていきましょう。

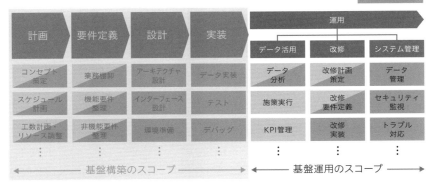

| 計画 | 要件定義 | 設計 | 実装 | 運用 | | |
|---|---|---|---|---|---|---|
| | | | | データ活用 | 改修 | システム管理 |
| コンセプト策定 | 業務棚卸 | アーキテクチャ設計 | データ実装 | データ分析 | 改修計画策定 | データ管理 |
| スケジュール計画 | 機能要件整理 | インターフェース設計 | テスト | 施策実行 | 改修要件定義 | セキュリティ監視 |
| 工数計画・リソース調整 | 非機能要件整理 | 環境準備 | デバッグ | KPI管理 | 改修実装 | トラブル対応 |
| ┊ | ┊ | ┊ | ┊ | ┊ | ┊ | ┊ |

◀──────── 基盤構築のスコープ ────────▶　◀──────── 基盤運用のスコープ ────────▶

▶ **図3.4.1** データ基盤運用までのステップと運用フェーズのタスク例

## 事業部門が自らデータを触って分析する環境の創出

ここでは、小売業者で発生した事業部門とIT部門のトラブルについて紹介します。

こちらの企業もこれまでの企業と同様にデータを活用して新規顧客の開拓、特にオンラインでの集客に向けて各種広告施策を展開するという目的でデータ基盤を導入し、事業部門のマーケターの直接的な分析環境の構築を進めていました。

実際にデータ基盤を導入する際は、事業部門が積極的にやりたいことを抽出しながらデータの理解を深めていったので、運用後に導入したデータ基盤が使われなくなるという事態にはなりませんでした。むしろ率先して事業部門が新たな活用方法の検討を進めていく、理想的な形で発進しました。

多くのマーケターがデータ活用の重要性について元々理解していたこともあり、少しでも活用の余地があるデータについてはマーケターが率先してリサーチを進め、新たな活用の方針を検討する流れが醸成されていました。施策を創出するマーケターが自らデータを触る、理想的な環境であったといえるでしょう。

では、何が問題だったのでしょうか。それはデータを触ることができる自由度が高過ぎることにありました。つまり、データガバナンスが取れない環

境になってしまったことに問題がありました。

## ●マーケターのデータガバナンス

本書でここまでに紹介してきた事例は、いずれもデータを活用できることを前提に話を進めていました。当然、自社のデータを統合して活用するには、もとのデータに価値がなければ活用する意味はありません。信頼できるデータソースがあった上で、必要なクレンジングを行って初めて統合する価値が生まれます。そのため、いくらコミュニケーション施策としてやりたいことがあっても、本当にその施策が実現できるか、データと照らし合わせてフィジビリティを確認することは重要です。

こちらの小売業者では、データ基盤を導入した結果、マーケターがデータやシステムについて深く理解し、分析のコーディングまでマーケター自身が行うようになりました。これ自体は素晴らしいことですが、分析に必要なデータを直接触る、というマーケターの本分の領域を越えて、IT部門と連携せずにデータを独自の理解や解釈で集計・加工してしまったことが問題でした。

マーケターは一人ではありません。各々が見たいスコープで分析しようと、データを組み合わせていきます。あるマーケターは基幹データだけでなく広告データも取り入れて分析をしたい、別のマーケターは基幹データにオフラインキャンペーンデータを組み合わせたい、というように統制が取れなくなっていったのです。

データは継ぎはぎのようになり、結果、統合データの信頼性が損なわれました。日々データ自体が変更されてしまう（クレンジングや加工により、以前とは異なるデータになる）ので、当然、想定と異なる分析結果が多く出ることになり、事業部門の中でたびたび混乱しました（図3.4.2）。

マーケターがデータを率先して触るのは望ましいことですが、データを触るにもルールが必要です。本来、データ管理のルールを定めるのはIT部門です。そのルールを周知徹底した上で、事業部門に触ってもらうことが理想です。

事業部門が直接データを触るようになったからといって、IT部門の役割がなくなるわけではありません。事業部門全体が活用できるように、IT部門やデータ基盤を管理する部門が並走し、管理し続けることが重要です。

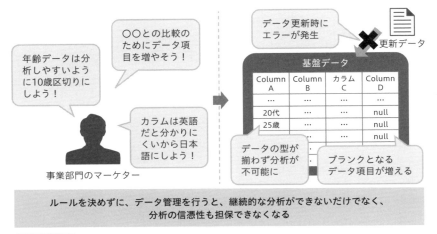

▶図3.4.2 やりたいことだけを進めたデータ活用の末路

データは企業の資産です。資産を活用するだけでなく、資産を適切に管理する仕組みと共存してこそ、継続的にデータ活用の高度化は達成されるということを忘れないでください。

## 見えるデータが増えると管理する項目が増える

続いて、データ基盤の運用が始まってから生じた組織的トラブルの事例を見ていきましょう。保険会社における事例です。

その特性上、保険商品は一般消費者との接点は多くありません。ただし、例えば、家族が急遽入院して現金が必要となったことを受け解約につながることがあるため、顧客の些細な不満や懸念などを把握しておくことが理想的です。このため、多くの保険会社がLINEや自社アプリ、営業担当者の電話対応、オンラインの相談窓口といった接点を用意し、それぞれの接点で顧客満足度を向上させる施策を打ち出しています。接点ごとに強みがあり、それぞれの強みを生かすことで自社の独自性を顧客に訴えかけることができ、顧客の獲得・囲い込みにつながっていきます。

ここで事例として紹介する企業でも、顧客にとってストレスが一切ない体験の構築を作り出すことを目的に据え、目的達成のために、各接点が抱える課題をデータで明らかにする取り組みを進めていました。

データで顧客の反応を可視化すること自体は難しくなく、またとらえられ

た反応を接点の改善に生かすという意味では、接点ごとの主管理部門が明確になっていたため、それも難しいようには見えません。では、何が問題になったのでしょう？ データが見えるようになり過ぎたことで、管理も複雑になってしまったことが問題になりました。

### ◉KPIがクリアになるだけでは改善につながらない

こちらの保険会社では、施策単位、商品単位で改善施策に取り組む必要があると判断され、併せてデータ基盤を用いて接点や商品単位で分析できるように開発が進みました。

顧客接点は世の中の潮流に合わせて最適化されていくものなので、とらえるデータも柔軟に加えられるという思想がデータ基盤に反映されています。当初は顧客からの反応がデータで見えるようになったため、改善すべき点がクリアになり、結果、次の施策検討が容易になり、データ基盤導入の効果を全社的に実感することができました。

ところが、問題はある程度基盤運用が定着したところで発生しました。あらゆる情報が可視化できるようになった結果、商品や施策ごとにKPIが設定されてしまい、KPI全体の管理ができなくなってしまったのです（図3.4.3）。

3.2でも述べましたが、KPIは設定するだけでは意味がなく、改善のために適切に運用されてこそ価値を発揮するものです。どんどんKPIが複雑化していったために、こちらの企業では顧客体験に関わるKPIを管理するための担当者が置かれました。しかし、管理部門がどこまでも手入力や目視での管理から離れることができず、ミスや漏れが発生するようになってしまいました。

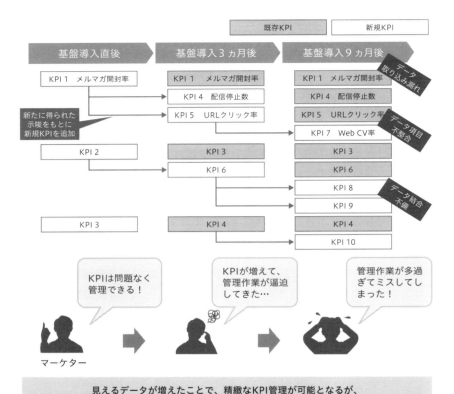

既存KPI　新規KPI

基盤導入直後　基盤導入3ヵ月後　基盤導入9ヵ月後

| KPI 1　メルマガ開封率 | KPI 1　メルマガ開封率 | KPI 1　メルマガ開封率 |

データ取り込み漏れ

| | KPI 4　配信停止数 | KPI 4　配信停止数 |
| | KPI 5　URLクリック率 | KPI 5　URLクリック率 |

新たに得られた示唆をもとに新規KPIを追加

| | | KPI 7　Web CV率 |

データ項目不整合

| KPI 2 | KPI 3 | KPI 3 |
| | KPI 6 | KPI 6 |
| | | KPI 8 |
| | | KPI 9 |

データ結合不備

| KPI 3 | KPI 4 | KPI 4 |
| | | KPI 10 |

KPIは問題なく管理できる！

KPIが増えて、管理作業が逼迫してきた…

管理作業が多過ぎてミスしてしまった！

マーケター

**見えるデータが増えたことで、精緻なKPI管理が可能となるが、
それは管理コストの増加にもつながる**

▶図3.4.3　KPI増加に伴う管理部門の業務の煩雑化

## ◉KPIの適切な管理と取得方法の最適化

　KPIが商品や施策ごとに設定され、複雑になったことで全体的な管理ができなくなったと述べましたが、果たしてKPIが詳細化されることは悪でしょうか？

　KPIは改善施策を検討するための指標です。その企業が商品や施策単位で細かく設定する必要があると判断するのであれば、そのKPIは正解です。しかし、複雑なKPIを管理するためだけの人材を確保しようとすれば、コストが過剰にかかります。では、どうすればいいのでしょうか？　答えは現状のあるべき管理業務に合わせ、データ取得や管理の方法をシステム改修によって最適化していくことです。

外部ベンダへ委託したり自社の貴重なエンジニアを充てたりする必要があるため、システム改修を嫌がる企業が多いのは事実です。しかし、保守運用を行うのはトラブル対応のためだけではありません。運用する上での業務課題を新たに抽出し、システムの改善につなげていくことも保守運用の考えでは重要です。

少なくとも、KPI管理が複雑化して管理者の手が回らなくなってしまったということは、新たに管理者を増やすかシステムを改修して業務を簡易化するといった対策が必要だったのです。一時的には、人員を増やすことに問題はありませんが、長期的に見ると改修をしてしまったほうが少ないコストで済むことがほとんどです。

KPIというとその可視化や改善検討のしやすさに目が行きがちですが、当然、適切にデータ取得ができてこそという前提があります。コミュニケーション施策が高度化するほど、取得KPIが複雑化していくことは往々にして発生します。顧客属性や顧客コミュニケーションを高度化するためには、最初に構築したデータ基盤や分析基盤をそのまま使い続けるのではなく、基盤自体も進化していくことを念頭に置き、事業部の業務の高度化に並行する形でIT部門が率先して改修を検討し続けることが重要です（図3.4.4）。

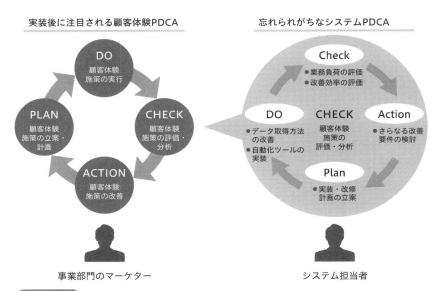

実装後に注目される顧客体験PDCA

**DO** 顧客体験施策の実行

**CHECK** 顧客体験施策の評価・分析

**ACTION** 顧客体験施策の改善

**PLAN** 顧客体験施策の立案・計画

事業部門のマーケター

忘れられがちなシステムPDCA

**Check**
●業務負荷の評価
●改善効率の評価

**Action**
●さらなる改善要件の検討

**Plan**
●実装・改修計画の立案

**DO**
●データ取得方法の改善
●自動化ツールの実装

**CHECK** 顧客体験施策の評価・分析

システム担当者

▶図3.4.4 KPIの改善につなげるマーケティングとITのPDCAサイクル

# 3.5 自走化に向けた変革と人材育成

## 仕組みだけでは改革しない

多くの方が、データ活用が進まないのは組織の仕組みに問題があると考えています。実際、データ活用をきっかけに組織変革に取り組む企業は多いと思います。

しかし、組織の仕組みを変えるだけでデータ活用が進むことは稀です。では仕組み以外に何が問題なのかというと、人の意識やスキルです。組織の構成やその関係はあくまでもプロジェクトや業務をスムーズに推進するためのものであり、実際にその業務を行う人を無視することはできません。

データ活用という言葉は、企業に浸透すればするほど、世の中全体が進めていく当たり前の取り組みのようにとらえられてきました。しかし「データ活用」が持つ真の意義は、自分達が持つデータを最大限活用し、今までにはない自社でしかできない新しいビジネスへ発展していくことです。本書執筆時点でも多くの企業がデータ活用を進めていますが、自社が目指すべきデータ活用の理想像と全く同じに取り組めている企業はありません。

誰もやっていない、自分達ならではの新しい取り組みを推進することは、簡単ではありません。先行事例を真似て進めるのは効果的ですが、どこかで「自分達ならでは」を創造しなければならないため、生半可な取り組みでは成功しません。

では、難易度の高い取り組みを成功させるためには、何が重要なのでしょう？ 結局、それらを進める人の意識とスキルに他なりません（図3.5.1）。誰よりも自社の強み、弱みを理解しているのは自分達であり、新たな取り組みには社員一丸となって取り組んでいかなければならないからです。

本節では、データの活用によって新たなビジネスを進めるのに必要な人材のスキルとその育成方法、意識変革に必要な要素について説明します。

航海（新規プロジェクト）の成功に向けて、必要な乗組員（プロジェクトメンバー・組織）を用意したとしてもスキルと意識が足りなければ船は沈む

▶ 図3.5.1 スキル不足・意識不足の船は沈む

## 社員育成の必要性

データ活用を進めるためには、社員の意識向上やスキルアップが不可欠だと述べました。読者の皆さんの中には「教育に力を入れるよりも外からスキルを持った人間を招けばいいのではないか？ もしくはコンサルを入れて運用すればいいのではないか？」と思う方もいらっしゃるでしょう。

もちろん、この方法も正解の一つです。エンジニアやアナリスト、マーケターは教育が難しい職種といわれています。そのため、多くの企業が自社で人材を用意するのではなく、コンサルティングファームなどの外部から人材を調達してデータ活用を進めています。

自社人材を育てるということは、難易度だけでなくそのコストであるお金や時間を多く消費します。特に時間について考えると、すぐにでも取り組まなければならない課題に対して一から人を育てていたのでは、手遅れになってしまう可能性があります。

## 外部コンサルタントと人材採用と人材育成

そもそも自社人材を育てることが無駄ではないのか？ と思われるかもしれません。この問いについては、はっきり「No」と回答いたします。自社の

人材を育成せずに外部人材だけで進めていくと、プロジェクトが進むほど
データ活用の取り組みの中枢メンバーが外部人材に占められてしまいます。
結果、マーケティングやブランディングという自社の中枢機能をも、その方
針について外部人材が決めるという事態になりかねません。

　実際、このような事態になっている企業は少なくありません。自社内で新
たな顧客コミュニケーション施策を行おうとすると、その承認を経営層だけ
でなく外部コンサルタントからも得なければならないといったケースもあり
ます。これでは、「自分達ならでは」を作り出すことは困難です。

　とはいえ、外部コンサルティングファームは一切無駄かというと、そうで
はありません。新しい取り組みを進める際は、プロジェクトの最初期が最も
大変なものです。その時期の促進剤として適切に外部コンサルティング
ファームを活用し、ある程度速度がついてきたところで自社人材に移行して
いくことが健全です。

## ●外部コンサルティングファームとの上手な付き合い方

　では、外部コンサルタントではなく優秀な人材を積極的に採用することで
人材を拡充する方法はどうでしょう？

　こちらについてもあまり現実的とはいえません。というのも、本書執筆時
点においてデータ活用は多くの企業が率先して取り組みたいテーマであり、
その業務に関わる人材の需要が上がっています。高需要の人材を獲得するコ
ストはどんどん上がっており、プロジェクト推進だけでなく、プロジェクト
の運用に関わる人材全てを採用するとなると、多大なコストがかかってしまう
のです。加えて、多くの優秀な人材はコンサルティングファームなどがすでに
抱えてしまっていることが多く、獲得が困難なことは容易に想像できます。

　では、人材採用も力を入れなくていいのかというと、そんなことはありま
せん。後述しますが、自社の人材育成にも教師となる役割が必要です。そう
いった意味で、最新のトレンドを把握している人材を自社に引き入れること
は社員の育成に大きな意味を持つのです。

　結局、外部コンサルティングファームの活用と人材の積極的な採用だけで
は、将来的な成長を阻害してしまう可能性が出てきます。最終的に自走して
「自分達ならでは」の顧客体験を実現し続けるためには、コンサルタントなど
の外部人材をうまく活用しつつ、かつ積極的な人材採用を進めながら人材教
育を進めていくという、バランスの取れた取り組みが重要となるのです（図

3.5.2)。

　本節では、多くの企業が課題としている人材教育について説明します。

| | 長所 | 短所 |
|---|---|---|
| 人材育成 | ●長期的に見て自社の資産となる<br>●「自分達」ならではのビジネスの意思決定ができる | ●育成がビジネスの成果につながるには時間がかかる<br>●育成が必ず成果につながるわけではない |
| 人材採用 | ●即戦力として自社の資産となる<br>●自社人材育成の教師となることができる | ●データ活用人材かつ優秀な人材を獲得すること自体が難しい<br>●データ活用に関わる業務全てを全て採用で獲得しようとする場合、多大なコストがかかる |
| 外部コンサルタント | ●プロフェッショナル人材として、データ活用プロジェクトの短期的な推進剤となる<br>●自社人材育成の教師となることができる | ●外部人材のため、ノウハウがたまらない<br>●自社ならではのビジネスの意思決定をすることが難しい |

▶ 図3.5.2　人材確保手段の長所と短所

# 守破離：日本古来の教育のあり方

　人材育成が先々の顧客体験設計に必須であることを説明しました。では一体どのように育成すればよいのでしょう？

　人材育成の観点では、データ活用の領域であろうが他の領域であろうが、考え方は変わりません。しっかりと教師を立てて、生徒を教え、生徒の自立を促します。

　こういった考え方を実行するには、日本古来の育成方針「守破離（しゅはり）」が有効です。守破離は、日本の茶道や武道などにおける師弟関係のあり方の一つで、修業における理想的な過程です。

◉ 守とは、師匠から教わったやり方を守り、同じことができるようになること

◉ 破とは、師匠のやり方だけでなく、他の環境などを知ることで自分に最も適したやり方に工夫していくこと

● 離とは、師匠のやり方、工夫してきた自身のやり方を踏まえてオリジナルを作り出すこと

　このオリジナルこそが、本書における「自社ならでは」を生かした、独自性があり理想的な顧客体験の設計です。では、データ活用ではどのように「離」に至るのが適しているのか、考えていきましょう。

## 誰が師匠の役割を果たすのか？

　「守」から「離」に至るまでのステップを進めていく上で重要なのが師匠の存在です。守破離の考え方はすでに説明しましたが、最も重要なのが「守」といわれています。「離」に至る際にも、「守」で学んだ師匠のやり方を常に磨き続けなければならないほど、最後まで「守」で学んだことを試されるからです。

　では、データ活用では誰が師匠になるのでしょう？

　この課題を解決することは、実は簡単です。なぜならば現代のビジネス環境には外部コンサルタントという存在がいるからです。先に、コンサルタントの役割はプロジェクトの促進剤だと述べました。コンサルタントは優秀な教師としても価値があります。

　後ほど詳細に説明しますが、まずは小規模なプロジェクトチームを組成し、外部の精通したコンサルタントを教師として活用する形が望ましいでしょう。なぜ小規模でよいかというと、そこで成長した人材が次に教師として他部門で指揮をとることで、外部コンサルタントに最後まで頼らずとも育成の輪を広げることができ、大幅なコストカットにつながるためです。

## 教師となる外部コンサルティングファームの選び方

　外部コンサルティングファームを教師として据える際に注意すべきなのは、コンサルティングファームの選び方です。外部コンサルティングファームと一口に言っても、今では多くのコンサルティングファームが存在しており、そのサービスも多種多様です。大きな区分けとしては、トラディショナルコンサルティングファームか、SIer系コンサルティングファームのいずれかに当てはまる企業が多いでしょう。

トラディショナルコンサルティングファームは、知識が豊富な戦略人材を派遣することでビジネス環境をロジカルに整理し、プロアクティブに独創的な戦略を顧客に提供することを強みとしています。ハイスペックな人材によって練られた戦略やデータ活用の方針は非常に素晴らしいものになる一方、どうしてもコンサルティングファーム目線で検討が進むため、顧客である企業にノウハウが溜まりにくいという問題があります。

　SIer系コンサルティングファームは、情報システムの開発から保守・運用まで幅広い人材の守備範囲に強みがあり、企業のビジネス目標を実現するためにシステムへ落とし込み、実装をサポートする企業です。顧客企業と並走して支援をするパターンが多いため、顧客企業のリクエストに応えるだけになってしまうケースも多く、真に顧客企業のビジネスに寄り添った取り組みにならないことも少なくありません。

　トラディショナルコンサルティングファームにしろ、SIer系コンサルティングファームにしろ、ここで述べた問題点は教師として据える上では大きな課題になるため、全てのコンサルティングファームが教師になるわけではありません。

### ◉「共創型」コンサルティングファームという選択肢

　では、どのようなコンサルティングファームを選べばよいかというと、戦略からシステムの実装、そして運用に至るまでワンストップで支援できるコンサルティングファームが望ましいでしょう。コンサルティングファームは、戦略を練る過程から加わり、顧客企業と共同でプロジェクトを推進することになります。コンサルティングファームによるプロアクティブな支援を受けながら、顧客企業の実態を踏まえた運用を意識した戦略立案が可能になり、実行精度が上がっていきます。

　これを本書では「共創型」コンサルティングファームと呼びますが、こういった経営から現場までを共に理解して進めるコンサルティングファームこそ、教師としては望ましいといえるでしょう（図3.5.3）。

コンサルティングファームの関わり方

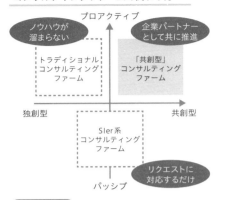

共創型推進のポイント

縦横無尽に動いて血液の流れを活性化。意識整合
を図りながら戦略策定・実行をする場面で有効。

● 現場間および経営陣との
間で起こる思いのギャッ
プ・言語の違いを理解・
把握。

● 顧客企業の実態をとらえ
た運用を意識し、顧客企
業と共同でビジネス戦略
を練っていく。

● 組織横断での取り組みを
方針出しに留まらず現場
のオペレーションまで入
り込んで歩みを加速させ
る。

▶ 図3.5.3　共創型コンサルティングファーム

# 形式知と経験知

　ようやく教師が見つかったところで「守」を抜け出すための教育のステップを考えていきましょう。

　皆さんは教育というと、どんな方法を思い浮かべるでしょう。教科書や参考書のような書籍を見ながらの勉強や、OJT（On the Job Training）のような実地トレーニングを浮かべるのではないでしょうか。多くの方がこれらの方法を実践した経験がある一方、なかなか部下が育たない、自分が成長しないという経験もあるのではないでしょうか。もっと適切な教育方法があるのではと悩んだことがあるかもしれません。

　残念ながら、教育という観点ではこれらが正規の方法であり、この他にできることはそうありません。データを活用して顧客とコミュニケーションを最適化することは特殊な業務ではなく、顧客や市場のデータを適切にとらえて分析し、施策につなげるだけです。当たり前ですが、これらの業務をこなすためには適切な業務知識と業務経験を身につける以外にありません。

　知識は座学などによって身につけ、経験は実地業務によって身につけるのが適切でしょう。重要なのは何を知識として身につけるのか、何を経験として身につけるのか、それぞれの教育に持たせる役割の明確化です。

　本書では座学によって身につけられる業務知識を「形式知」、実地業務の経験によって身につけられる知識を「経験知」として説明します。

# 形式知の役割

　形式知と経験知、先に身につけるべきはどちらかというと、形式知から身につけていくことが一般的です。というのも、実地から得られる経験知は形式知があってこそ、より効率的に知識が高度化していくものです。何も知らぬまま現場に入れられても知識の習得に時間がかかります。まずは、経験を積むに値するだけの形式知を身につけることが最優先です。

　では、形式知はどこまで習得し、何を座学で学び、何を準備すればよいのしょう？形式知を身につけるとは、マニュアルを正しく理解することです。データ活用におけるマニュアルとは、業務フローやシステムマニュアルが該当します。業務フローは、これから身につけるべき業務がどういったスコープで行われ、どんな部門とどんなタイミングで関わっていくのかを理解し、業務の全体像を理解するためには必要不可欠です。システムマニュアルについては、データ分析や施策を実行するにはデータ基盤やBIツールなどを通して行うため、特に説明は不要でしょう。

## ●形式知獲得のための教材の作り込み

　では、これらをどの程度身につけてもらうべきなのか、そのためにどの程度、座学用のドキュメントを作り込むべきなのでしょうか？

　企業の文化によって理想的なドキュメントのあり方は変わってくるため、絶対的な正解はありません。教育ドキュメントとしての継続的な運用を鑑みると、システムマニュアル以外の業務フローなどのマニュアルは、その業務の「骨子」が伝わる程度で十分です。

　前述した通り、知識の高度化は経験知が引き受ける分野であり、無理に形式知として盛り込む必要はありません。あらゆることをドキュメントとして盛り込むと、ドキュメントのメンテナンスが追いつかずに形骸化してしまうリスクすらあります。

　マニュアルは常に正解を示さなければならず、常に改修する運用が求められます。データ活用にゴールや最終形はなく、常に進化し続けるものであるため、マニュアルに紐づく業務も変化していきます。定常・定型業務については頻繁に変わることはないかもしれませんが、データの切り出しや分析などの、その時々によって最適な方法を考え続けなければいけない業務については、そもそも形式知として習得させるのではなく、経験知として習得させ

るといった割り切りも重要です。

## 経験知の役割

　では、経験知についてはどうでしょう？ 経験知を身につけるためには、外部コンサルタントという教師の横について実際にデータ活用を推進していくのが適切です。先ほども述べたように、経験知には形式知を高度化させる役割があります。しかし、どこまで身につければ「経験知を身につけた」といえるかを考えなければなりません（図3.5.4）。

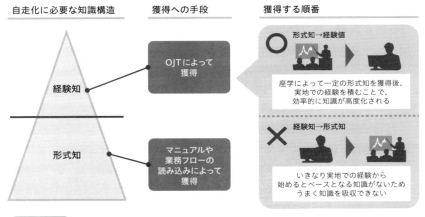

▶図3.5.4 形式知と経験知の役割

　企業ごとにOJTの考え方は異なるため一概にはいえませんが、一般的には自社の顧客コミュニケーション（広告など）のサイクルを一巡するくらいに実務をこなすこと、と考えるのが適切でしょう。

　コミュニケーションサイクルも企業によって異なるでしょう。例えば1年間にいくつかの商戦時期を設ける業態では、いずれかの商戦の前後の期間でデータを分析し、その商戦の施策を実施します。そして、その結果から示唆を獲得するまでが1サイクルになります。

　一方、商戦時期などの考えがない業態では、定常業務を回すことが1サイクルに該当すると考えられます。商戦時期がない業態でも、施策としては広告配信なども含まれます。

コミュニケーションサイクルを一巡するための時間は商戦時期があってもなくても大きくは変わらないでしょう。

◉ 適切な経験知獲得の期間

ここで、なぜ一巡なのか？ という点について説明します。複数回サイクルを回したほうがより知識が高度化されることは確かです。しかし、顧客の興味や関心の変化は非常に速くなっています。仮に半年かけてコミュニケーションサイクルを一巡する場合、サイクルを2〜3巡するのに1年以上かかってしまいます。

外部コンサルタントを教師に据えたとしても、教師が一度に教えられる人数には限りがあります。最初の生徒が「守」を抜け出すのに1年以上かかっていては、その間に起こる顧客興味の変化に生徒が混乱してしまい、何がデータ活用における正解なのかが分からなくなってしまいます。顧客興味の変化は当たり前として、教師をつけて自身の業務に関わる経験知を身につける「守」の期間は、半年程度が理想だと認識してください。

# 「守」から「破」へ

「守」が終わったら、次の「破」の期間について考えてましょう。

「破」とは、他の環境などを知ることで自分に最も適したやり方に工夫することだと述べました。では顧客属性に関わる業務をやっていく中で、他の環境とはなんでしょう？ それは、担当する製品やサービスを変えてみる、ということです。

業務に寄り添った設計ができているシステムを活用するのであれば、コミュニケーションサイクルを一巡すると、ある程度業務を回せるようになります。データの読み解き方、得られる示唆も分かってくるでしょう。ただし、そこで得られる示唆はあくまでも担当した製品やサービスに特化したものです。顧客や製品が違えば見るべきデータやその特徴が変わってきます。同じ製品だけでデータ活用業務を行っていると、その製品の中では通じていた考えが、あたかも自社の顧客コミュニケーション全般に適用可能な考えのようだと錯覚する危険性があるのです。

とはいえ、最終的には各社員が自身の最も得意とする製品やサービスの領域に特化していくことになります。このため、経験知を増やすには、ある程

度は担当製品と共通点があるものを選んで顧客コミュニケーションのバリエーションを増やすことが望ましいでしょう。例えば、同じカテゴリで顧客セグメントが異なる製品や、顧客セグメントが同じで担当製品を補完する関係の別商品などが該当します。

　事業部の垣根を越えて実践することもできますが、多くの場合、日本の企業では事業部の垣根を越えた人材交換は難しいのが現実です。さらに、最初の一巡で実施した商品やサービスのテーマとあまりにかけ離れたものに取り組んでしまうと、教育を受けた担当者が、最初の一巡で学んだことを全く生かせなくなってしまい、学ぶ効率が下がってしまうので注意してください。

## 人に教えるのも学びの一環

　「守」で学んだ型を工夫して改善するためには、他の製品やサービスを対象に実践してみることが望ましいと述べました。しかし、当然各製品には担当者がついているために、教育のためとはいえすぐに配置転換などはできません。

　仮に「守」の育成過程を踏んだ生徒が、学んだ型を工夫するために他の製品の担当として配置された場合、元々のその製品の担当者はどうなるのでしょうか。

　答えは簡単です。新たにデータ活用を学ぶ生徒として、その製品担当者として残り続けることです。

　ただし、ただ担当人数を増やすということではなく、育成の観点でしっかりと役割を定義することが大切です。育成のためには生徒と教師が必要であり、生徒については元々のその製品の担当者ということになります。

　では、教師には誰を据えるかというと、新たに配置された「守」で型を学び、コミュニケーションサイクルの一巡を実践した生徒です。もちろん、コミュニケーションサイクルを一巡しただけで、すぐに一人前の教師になるわけではありません。元教師（外部コンサルタントなど）がアドバイザーとして入ることが前提です。その前提のもと、生徒（他の製品やサービスのマーケター）をサポートする教師（元生徒）、そして教師をサポートするアドバイザー（外部コンサルタントなど）というメンバーで効率的な人材育成を促進するための体制を作ります（図3.5.5）。

　先ほど、「破」のために他の製品やサービスで実践すると述べましたが、教師として他の製品を見ることにも学びの価値はあります。むしろ生徒として

学び続けるよりも新たな発見が多く、より効率的に人材を育成できるといえるでしょう。

　このように生徒から教師へという人材育成をスピーディに行いつつ、実践する担当者の人数を増やしていくことが、昨今の速い環境の変化に対応していくためには重要です。

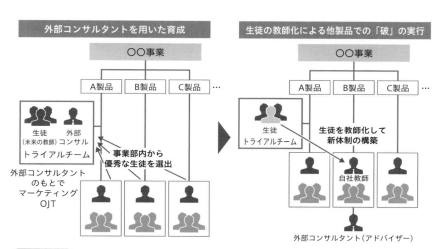

▶図3.5.5　生徒→教師化による効率的な人材育成の拡大

## 変革意識がなければ人は成長しない

　最後に「離」について説明します。「離」に至るまでに、多くの企業に共通する理想的なアプローチはありません。「離」とは企業ごとや事業部ごとに編み出した「自社ならでは」の手法であり、「自社ならでは」にたどり着くためには、徹底的に顧客のことを知ることに尽きます。徹底的に顧客を知るためには、自社にとって理想的なコミュニケーションの仕組みが必要であり、理想に至るまでにはトライ＆エラーで繰り返し顧客コミュニケーションを設計していくことが重要です。

　そして、トライ＆エラーには近道はありません。データ活用の考え方を「守」「破」で学んだ担当者が場数を増やしていく以外にないのです。

　では、「離」に至るには時間をかけるしかないのでしょうか？　時間は必要

ですが、そのスピードを上げる方法があります。この方法は「守」や「破」によってきちんと成長する人材の確率を上げることにもつながります。

それは変革意識を植え付けることです。いまさらな話だと思うかもしれませんが、これができていないために人材育成に失敗してしまう企業が多く存在します。

### ●意識変革の方法

では、意識変革とは何をどうすればいいのでしょう？ 組織レベルで意識変革を行う場合、具体的に何をするかが明確になっていないことが多いかもしれません。

重要なのは、意識変革後にどのような状態になっているかを想定できていることです。理想的な状態とは「現状の自分達の業務における課題を理解し、それに対して取るべき対策の方向性や手段が見えている。そしてその手法が自分達でもできそうだと自信を持っている」状態です。

これは、次の三つに分解できます。

①自分達の業務に課題があることに気づく
②解決に導く手段の方法を理解し、その効果を実感する
③解決手段を実行するために必要なスキルと、その習得方法が明確かつ現実的である

ここで注意が必要なのは、多くの方が②の方針や手段、③の育成についてだけで意識変革をしようとすることです。実は、重要なのが①の課題認識と②の効果の実感です。新たな取り組みというのは、どうやっても担当者に負担がかかります。正直なところ、皆さんも現状の業務を変えたくないと思っているかもしれません。そうした状態を打開するためには、変革意識の壁を越えるだけの価値を理解することが重要です。

## 意識変革へ向けたアクション

こうした意識を植え付けるためには、ワークショップを行うことが望ましいでしょう。特に①の課題意識については、言葉にしない限りきちんと認識されていないことが多いものです。部長・課長クラスから現場の担当者まで

さまざまな層が集まり、言葉に出して議論することで、課題を認識できるようになります。

②効果の実感については、見込み試算などの机上の計算だけでは納得しにくいケースも多く、実際の取り組みの効果を見てもらうしかありません。実行できるようになるための意識変革なのに、実際に実行してみて効果を出すというのは、矛盾しているのではと感じる方も多いでしょう。しかし、効果を理解するために必ずしも自分達が実行する必要はありません。例えば隣の部門で、もしくは隣の事業部で、誰かが口火を切ってデータ活用への変革の取り組みを実行すればよいのです。自分達と似た他の環境で成果が実証されれば、自分達がやっても効果が出るととらえることができます（図3.5.6）。

人材育成には生徒側の自立的思考が重要ですが、スピードを求められるデータ活用では、いかに効率的に一人前の人材を育成するかも重要です。一人前の人材になるためには、意識変革を土台として、型式知、経験知を獲得するための育成ピラミッドを積み上げる必要があります。

もちろん全社的な育成ピラミッドが最終的に必要になりますが、全社的に意識を浸透させるためには、小さくても早くピラミッドを積み上げることが重要であり、トライアルチームは素早くピラミッドを構築することが求められます。

以下、ここでは特に重要となる最初のトライアルチーム、いわゆるスモールスタートの考え方について見ていきましょう。

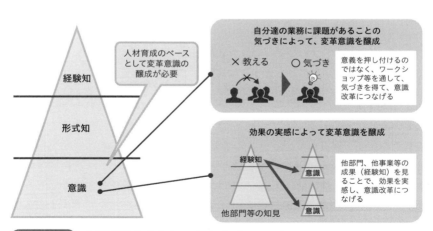

▶図3.5.6 変革意識を土台とした育成ピラミッド

## トライアル対象製品・サービスの考え方

効果を創出し、周囲への意識変革を促すには、最初はトライアルチームを組成し、スモールスタートで展開するのが望ましいと述べました。では、トライアルチームを作る上で、どのような人材がどの程度いることが望ましいかを考えていきましょう。

トライアルとはいえしっかりと効果を創出しなければならないため、実際の製品やサービスに対してデータ活用を推進することが前提です。その場合、トライアルチームにおける業務対象の製品の範囲をどこまでとするのが適切でしょう？

いきなり部門単位でトライアルを行うのは危険です。トライアルを始めるからといって急に部門全体の業務を全て変えてしまうと、既存の業務、つまり顧客へのサービスに大きな影響が出るからです。そのため、トライアルとしている以上、実際の製品をその対象にしながら、既存の主軸業務には大きくは影響しないように進めなければいけません。

対象とする製品やサービスは、主製品でなくともかまいません。主製品の場合、たいていはすでにさまざまなコミュニケーション施策が展開されているため、新しい施策を展開したくとも社内合意を得にくいことがあるからです。新製品や新規サービスなどこれから顧客コミュニケーションを展開していくものや、オンラインやオフラインなど十分なコミュニケーション施策が実施できていないと思われている領域で行うことが望ましいと考えられます。

## トライアルチームのメンバーに対する考え方

トライアルの対象となる製品やサービスに見当がついたところで、次に誰をアサインするかを検討します。トライアルチームに選出されたメンバーには、トライアル実行後に次のプロジェクトの教師という役割があります。つまり、トライアルチームにアサインするメンバーは、次の教師としても適切なメンバーを選ばなければなりません。

教師ということで、ある程度の経験を積んだ管理職を想像するかもしれません。しかし、役割の柔軟性や人材リソースを考えると、アサインすべき最適解は若手社員です。特に、やる気にあふれた有望若手社員が対象になります。

なぜ若手社員がよいのかというと、理由は二つあります。

1つ目は、若手社員のほうが発想の自由度が高いと考えられているからです。若手社員ゆえに既存業務に対しての固定概念があまりありません。データを活用したコミュニケーション施策を展開するには、これまで勘に頼って属人化されていた業務に対しても固定概念を捨てて取り組む必要があります。そうした点から、良い意味で経験が浅い人材のほうがトライアルに向いています。

もう一つの理由は人材リソースの柔軟性です。若手社員も日々既存業務に取り組んでいますが、当然、管理職に近づくほど既存業務から手を放せなくなります。先に述べたように、トライアルチームで生徒として、データ活用の考え方や手法を学んだ後、他の製品などで教師という役割が待っています。教師とはいえ、実際に手を動かしながらデータを活用した業務にも取り組むことになるため、多忙になることは容易に想像できます。最低でも1年近く管理職にそうした役割を充てるのは、多くの企業にとって現実的ではありません。

こうした理由から、有望な若手社員が理想的なメンバーです。これからの自社のあり方を創造するプロジェクトに参加できるということで、その若手社員のモチベーションを大きく上げる効果が期待できるのも見逃せません。

### ◉必要な人数

では、その有望若手社員はどれくらい必要でしょう？ 人数についての理想値はありませんが、少な過ぎると成果を生み出しにくくなりますし、多過ぎるとトライアルの統制が取りづらくなってしまいます。

最低限、その後の教師となるべき人材はアサインしなければなりません。したがって、次のスコープの展開先となる部門のメンバーを加える必要があります。例えば、トライアル以降の展開が事業部内なのであれば、事業部内の製品カテゴリごとに選出します。一気に全社展開をしたいのであれば、各事業部から選出します。企業によって事情は異なるので、最適な展開計画を定めた上でアサインしましょう。

データ活用が新たな取り組みである以上、既存の業務とバランスを取りながらプロジェクトを進める必要があります。だからこそ、小規模で小回りが利き、成果に向かっていけるチームを作ることを心掛けましょう。

# 3.6 継続的な組織や 人材の成長のために

## 組織や教育の仕組みが完成することはない

ここまでは、これからデータを活用して顧客コミュニケーション施策を展開していく上での初期フェーズにフォーカスして説明してきました。KPI設定や組織連携の考え方、人材育成は、新たな組織の仕組みを作る際に考えなければならないことです。

では、ここまで説明した内容を企業が実現できれば組織や人材について検討しなくてもよくなるのかというと、そんなことはありません。顧客属性や顧客コミュニケーションの理想の形は、世の中や顧客のニーズや興味関心に合わせて常に変化していきます。今日の組織の形は正解だとしても、明日の正解だとはいえません。顧客との関係のあり方に合わせて、組織や人は常に最適解を検討し続ける必要があります。

## 顧客体験を支える仕組みの根底意識は変わらない

データを活用するために組織変革を行い、走り始めた後は、どのように組織を変え続けていけばよいのでしょう？

技術の進化によって、適切なデータ基盤の形や顧客体験の形は変わっていきます。現時点で将来の理想像を描くことはとても難しい作業です。しかし、理想的な顧客体験を実現するための「あるべき考え」は、これまでも、そしてこれからも変わるものではありません。

常に「顧客のことを深く理解すること」、これはどこまで行っても変わりません。これまで勘に頼ってきた顧客の理解を、データを使ってより正確に理解するようになるだけのことです。データを扱うというこれまで経験のない領域に踏み込むため、不安を感じているに過ぎません。業務の根底が変わるわけではないのです。

同様に、組織の変革についても根底にある考え方は変わりません。スモールスタートで組織を運用し、その仕組みを全社的に浸透させればいいだけの

話です。データ活用という領域に限った話ではありませんが、常に最小の
チームで変革の種を作り出すこと。これこそが、継続的な変革に必要不可欠
な考え方です。

◉ 継続的なビジネスの発展・変革に向けた社員の関わり

　ただし、今後、明確に変わっていくべき要素もあります。「誰が顧客のこと
を理解すべきか」という観点では、IT部門の関わりが必須となります。これ
までは、マーケターを中心とした事業部門が主に顧客分析を行ってきまし
た。しかし、データ活用プロジェクトではマーケターだけでなくIT部門のメ
ンバーも顧客についてやその関連業務への理解が必要になります。

　全ての業務は最終的には顧客のためにあるべきであり、全ての社員が顧客
のことを理解し、顧客の満足度を最大化するために一丸となってビジネスに
取り組むべきなのです。そのあるべき姿を実現するための共通言語として、
データを用いるだけです。

　本書はデータ活用による顧客体験の高度化にフォーカスしていますが、真
の目的は顧客ファーストの企業へと変革し、ビジネスを発展させていくこと
にあります。顧客体験の高度化のために製品やサービス、IT、組織が一丸と
なってビジネス全体を変革していく。ぜひ、そうした意識を持ってデータ活
用を推進してください。

# 第3章チェックシート

| 組織構築・人材育成のチェック項目 | チェック | | 参照項目 |
|---|---|---|---|
| データ活用を進めていく上で、組織変革や人材育成の必要性を理解している | | → | 3.1 |
| データ活用に伴ってKGI・KPIの見直しを行っている | | → | 3.2 |
| KGI・KPIが部門を横断した運用になっている | | → | 3.2 |
| データ基盤の導入を事業部門とIT部門が連携して進めている | | → | 3.3 |
| 事業部門とIT部門の関わりが緊密でコミュニケーションが取りやすい | | → | 3.3 |
| 事業部門のデータリテラシーが十分にある | | → | 3.4 |
| KPIの取得や運用が事業部門とIT部門の両方で管理されている | | → | 3.5 |
| データ活用人材の育成方針がある | | → | 3.5 |
| 最初は外部コンサルタントに参画してもらっても、その後自社人材を登用して自走化できるプロジェクトが多い | | → | 3.5 |
| データ活用のための座学やOJTの仕組みや目的が明確になっている | | → | 3.5 |
| データ活用を定着させるための全社的な意識変革ができている | | → | 3.5 |

第4章

データ活用事例集

## 事例から見る企業のデータ活用

　第1〜3章までは、あるべき顧客体験の設計や顧客データ基盤を構築するプロジェクトの進め方、それらを運用していくための組織について述べました。この第4章では、実際にプロジェクトを推進した企業が、どのような課題を抱えており、データ活用を推進することになったのか。そのプロジェクトはどのように進められたのか。その結果、どのような成果につながったのか。こうした問いに対して答えとなるような二つの事例を紹介します。

　データ活用は、必ずしも決められた手順を踏めば成功するものではありません。各企業が持つ顧客基盤や顧客接点も違えば、各企業の強みや弱みも異なるからです。当然、それらを使いこなすための人材や組織、データに対する理解など、企業固有のデータ活用に係る成熟度にも依存します。

　ただし、どのようにプロジェクトを推進すれば成功に近づくことができるのか、他社の事例から得られることは多くあります。この章では、自社が参考にすべきポイントを見出し、具体的なイメージを持つためにご参照いただければ幸いです。

# 4.1 SBI証券様の データ活用推進事例

## データを活用した施策の検討

　ここで紹介するSBI証券様における事例では、データを活用した施策の実施効果の実例に加え、データをビジネスに生かすための人材をどのように育成したのかを中心に紹介します。

　貯蓄から投資へと個人資産のあり方がシフトする中で、ネット証券業界は活況を呈しています。一方で、競合他社との顧客獲得競争も激しくなっており、顧客獲得のために継続的な投資が必要になることを鑑みると、獲得した顧客一人一人の収益性を上げることも証券会社にとっては大きな事業課題となっています。

　こうした状況の中、収益性を上げるためにどのような取り組みを行うべきかを検討するため、SBI証券様ではお客さまが継続的な取引を行うまでの状態の遷移を可視化しました。証券取引の場合、口座開設後も取引を行うまでに初期設定を行い、証券口座への入金を行う必要があります。

　そこでSBI証券様は、すでに口座開設まで行った顧客がどれほど取引を行っているかを可視化することから始めました。データをもとに現状を正しく理解することで、どういった箇所にボトルネックがあり、改善しなければならないのかを明確にすることができます。

　これらを分析した結果明らかになったのは、想定以上に、実際に獲得した（＝口座開設した）顧客が初回取引開始まで至っていない、という事実でした（図4.1.1）。

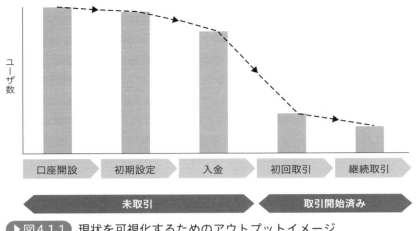

**▶図4.1.1** 現状を可視化するためのアウトプットイメージ

## データに基づき、具体的な施策へと落とし込む

　継続的な取引が行われるまでのボトルネックの一つとして、初回取引に至らない顧客が多数存在することが明らかになり、SBI証券様ではその課題を解消する方法について多くの検討と試行錯誤を行いました。その中でも特に効果が高かった施策は、「取引履歴無し」「20〜30代」「ログインしている」「Webを回遊してコンテンツを閲覧していない」顧客に対して、金融商品を選ぶためのサポートメッセージをWeb上で表示し、特に閲覧頻度が高く有益だと考えられるコンテンツへ誘導することでした。実際に、このアプローチを実施した顧客と実施しなかった顧客を比較したときには、取引開始率において、約8倍もの効果の差が見られました。

　この施策が大きな効果を出すことができたのは、性別や年代などの「顧客属性」と、取引有無を判別するための「取引データ」、Webサイト上での「行動データ」の三つを掛け合わせてターゲットを明確にすることでした。これは、顧客一人一人に関わるさまざまなデータを掛け合わせることで得られる効果です。

## ●ビジネス理解に基づく観点も取り込む

　ただし、定量的なデータだけに頼るのではなく、顧客がなぜ取引に至らないのか、その仮説に基づくアプローチを行ったことも重要でした。顧客行動を紐解く中で「投資意欲はあり、口座開設をしたものの、何から始めたらよいかが分からない」という顧客の状態に寄り添い、その心理的な状態に応じた「投資のはじめ方」や「投資デビュー」というコンテンツに誘導することで、大きな効果を得ることができたのです。案内すべきコンテンツについても、閲覧数やその後の取引開始率など、データに基づいて選定をしています。

　メール、Webサイト上でのメッセージ、SNSなどのチャネルの違いも、顧客が閲覧し、行動につながるかどうかに影響するため、データに基づく判断をする必要があります。上述した施策においては、「ログインしている」ということが重要な要素であり、Web上でのアプローチが最適でした。しかし、他の施策を実行した際にはチャネルに応じて有意な差が認められたケースもありました（図4.1.2）。

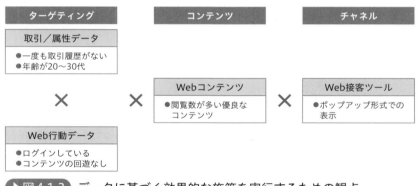

▶図4.1.2　データに基づく効果的な施策を実行するための観点

## 商品横断でデータ活用を推進

　顧客の状態は常に変化するため、その状態に合わせて適切なアプローチを取る必要があります。そのためには、各事業部門が主体となってアプローチのPDCAを実行しなければなりません。また、SBI証券様においては、実際に「国内株式」や「投資信託」といった商品別に組織が分かれているため、各組織においては、顧客を商品横断でとらえてコミュニケーションを図るといった意識が不足していました。

　そこで、まずは商品横断でのデータ活用を推進するために、各商品部門から選抜された人材を集めていただきました。選抜メンバーには実際にデータを活用したターゲットセグメントの抽出、ペルソナ像の策定やアプローチするチャネルの検討、具体的なメッセージといったクリエイティブの指示出し、実行した結果の効果検証など、一連の業務をプロジェクトの中で経験することを通じて、データを活用するためのスキルを幅広く習得していただきました。そして、選抜メンバーが各部門に戻り、商品部門を横断した顧客視点でデータを活用した顧客体験の改善を推進していただくことにしたのです（図4.1.3）。

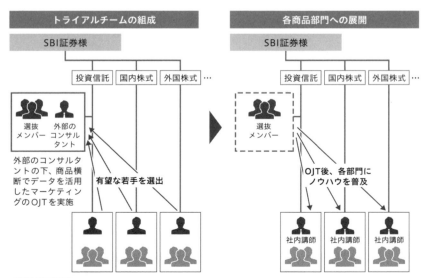

▶ 図4.1.3 　事業横断でデータ活用を推進するためのチームを組成

# PDCAを推進する人材育成に向けたアプローチ

　各部門から選抜したメンバーがデータを活用したマーケティングのスキルを習得するために、SBI証券様は、

　　1. 習得しなければならないスキルマップの作成
　　2. 各メンバーのスキルレベルの評価
　　3. 各メンバーのスキル習得の目標設定

を行いました。これらを定義した上でOn the Job Training（OJT）方式でデータ活用施策のプランニングから実際のデータ分析、効果測定までを弊社のプロフェッショナル人材と共に実行し、スキルの習得を目指しました。

　約1年をかけてPDCAを複数回実行した結果、各メンバーは自分達でPDCAを実行するために必要なスキルを習得するまでに至りました。各事業部門の担当者がデータを活用した業務のPDCAを実行できるようになることで、持続的に効果を生むことが可能になったのです（**図4.1.4**）。

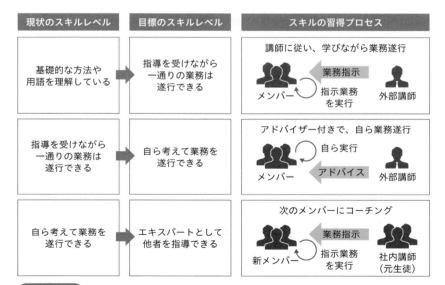

▶図4.1.4　段階的にデータを活用したマーケティングを浸透させる

# IT部門に都度頼らないデータ分析

　先進的なデータ活用を進めているテクノロジー企業を除いては、多くの企業にとって、データ分析を行うためには、IT部門に必要なデータの抽出を都度依頼したり、活用しようとするデータの定義を確認する必要が生じたりすることが一般的です。ただし、データを分析する際にIT部門とビジネスを所管している部門の間で、都度、コミュニケーションが必要になると、効果的な施策をスピーディに実行することができません。

　SBI証券様では、データを抽出し、分析するためのスキルも、各事業部門の選抜メンバーが習得すべきスキルとして定義しています（図4.1.5）。これらのスキルは、一朝一夕に身につくものではありませんが、企業の中でデータ活用を推進する上では必須のスキルセットであると考えられます。

| 必要な役割 | 基礎的な方法や用語を理解できる<br>LEVEL 1 | 指導を受けながら一通り業務遂行できる<br>LEVEL 2 | 自ら考えて業務を遂行でき、イレギュラーにも対応できる<br>LEVEL 3 | エキスパートとして他者を指導できる<br>LEVEL 4 |
|---|---|---|---|---|
| マーケティングディレクション | マーケティングの一連のタスクを理解している | タスクを分解でき、見積もることができる | 施策のROIを考えながら、アクションを取捨選択できる | イレギュラーなマーケティング課題の対応方針を検討・指示できる |
| マーケティング施策企画 | 基礎的なデジタルマーケティングの手法を理解している | 一通りのマーケティングプロセスを理解し、自らタスク遂行できる | 手法に囚われ過ぎず施策の課題を理解し改善できる | デジタルマーケティングのベストプラクティスを持っており、他者に指導・アドバイスできる |
| クリエイティブ | ペルソナやカスタマージャーニーマップの型を理解している | ビジネスと顧客の両方をとらえ、コミュニケーション設計・コンテンツ作成できる | 顧客に訴えかけるキラーメッセージ、キラーコンテンツを創出できる | |
| データエンジニアリング | 顧客データ基盤の基本的な機能を理解している | 他者の指導を受けながらGUI・SQLを利用しデータ抽出・システム連携できる | 特に指導なく、GUI・SQLを駆使してエンジニアリングができ、エラーも自身で解消できる | 悪手やベストプラクティスを理解し、運用性・パフォーマンスを考慮したデータモデルを設計できる |
| データ分析 | 基礎的な分析手法を理解し、基礎的な集計で比較分析できる | 有意差を理解し、指導を受けながら分析設計から効果の示唆出しができる | 特に指導なく、基礎的な統計学も利用して、分析設計から効果の示唆出しができる | 分析手法や分析結果を非エキスパートにも分かりやすく伝達できる |

**▶図4.1.5** 各事業部門の選抜メンバーが習得を目指すべきスキルマップ

# 4.2 湯快リゾート様のデジタルマーケティング推進事例

## お客さまとのダイレクトな関係を重視

　2つ目の事例として、お客さまとのダイレクトな関係を重視し、最適なコミュニケーションを目指してデジタルマーケティングの施策にデータを活用している湯快リゾート様の事例を紹介します。

　宿泊業界では、旅行代理店やインターネット上で宿泊予約ができるサービスを提供しているOTA（Online Travel Agent）の集客力が強いものの、それらのチャネルを経由した予約には、当然手数料がかかります。湯快リゾー

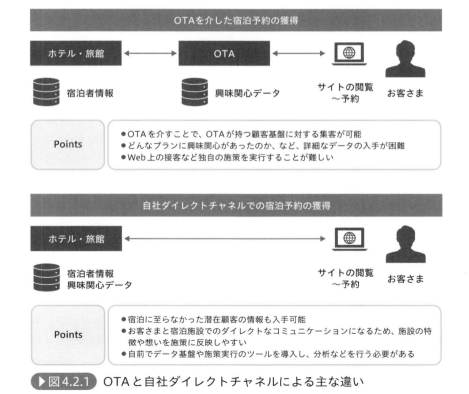

▶図4.2.1　OTAと自社ダイレクトチャネルによる主な違い

ト様の場合、従来の旅館の事業モデルと比較しオペレーションを徹底的に効率化して、低価格かつ満足度の高いサービスを目指しています。例えば、荷物はお客さま自身で自室に運んでいただいたり、食事は大部屋でバイキング形式にて提供されています。こうした事業モデルで収益を確保するために、ダイレクトチャネルのお客さまを増やすことを、マーケティング上、非常に重要視されてきました（図4.2.1）。

　湯快リゾート様はメール会員が約60万人いますが、創業当時から、紙でお送りするダイレクトメール、オンラインのメール、自社Webサイトでのアプローチを重視してきたため、ダイレクト予約の比率が予約者全体の半数以上を占めています。これは同様の業態の他社と比較して高い水準です。

## 徐々にデジタルへの社内理解を高める

　2017年頃までは、マスメディア偏重のマーケティングを行っていました。Webのリスティング広告も多少は出稿していましたが、新聞広告、テレビCM、紙のダイレクトメールがコストの大半を占めていました。

　しかしマス広告で対応できないところを補う必要が出て来たため、2018年頃からはデジタルを活用したコミュニケーション施策にも取り組み始めました。最初は数十万円のデジタル広告から始め、実行と検証を繰り返しながら数ヵ月後には数千万円の予算を投下するまでに至っています。

　当初は社内でも、デジタルマーケティングで集客することができるのか、という懐疑的な見方が主流でした。デジタル広告からしっかりと予約を獲得してリターンが得られていることを、数値として提示して証明する必要があったのです。初期は宿泊予約をゴールとするコンバージョンの獲得に集中的に取り組み、実績を積み上げました。社内での啓発活動も地道に進め、着実に成果を重ねてきました。

## サイロ化したデータを統合し、顧客体験を向上させる

　社内で少しずつデジタルマーケティングへのリテラシーが高まり、データを活用したマーティング構想が動き出しましたが、データがサイロ化してしまっているという課題がありました。当時はPMS（Property Management System）という宿泊施設向けのシステムにお客さまの宿泊情報を格納し、

メールマガジン会員と紙のダイレクトメール会員をそれぞれ異なるデータベースで保持していました。管理主体も、PMSがシステム部門、メールマガジンがマーケティング部門、紙のダイレクトメールは営業企画部門といった具合にバラバラだったのです。

結果として、キャンペーン情報をメールマガジンで知り開封いただいているお客さまに、紙のダイレクトメールも送って無駄なコストをかけてしまう、あるいは、ご予約済みのお客さまに割引クーポンを送ってしまうなど、機会損失が多く発生していました。

そこで、2022年8月から部門ごとに管理されていたデータを統合し、お客さまの理解を深めるために、CDP・MA・BIの導入と、それらを活用したマーケティングの施策が推進されることになります。システムごとにそれぞれの役割を定義し、導入が進められました（**図4.2.2**）。

◉CDP：データを収集し、蓄積する
◉MA：サービス・情報を届ける
◉BI：データを可視化する

約1ヵ月で要件定義、その後2ヵ月で一連のデータ分析・活用システムの構築、と非常にスピーディにリリースされています。

| CDP | MA | BI |
|---|---|---|
| • One to Oneコミュニケーションの実現に必要な各種データの収集・蓄積<br>• MA・BIで使用しやすい様にデータを加工・変換<br>• MA・BIへのデータ連携<br>• その他アドホックなデータ集計<br>※施策の実施対象者（セグメント）の作成をCDPで完結させず、MAで一部行うことで、施策のPDCAをしやすくする<br>※長期間のデータの保持が可能 | • CDPから受け取ったデータを活用して、One to OneコミュニケーションをGUIで設定<br>• 顧客に届けるテキスト（メールやSMSの文面）やクリエイティブをGUIで設定<br>• シナリオごとの効果測定<br>• マーケターが設定を変更し、柔軟にPDCAを実施<br>※天気予報など外部ソースのデータをリアルタイムに取得してテキストに反映させることも可能 | • KPIのモニタリング<br>• 探索的なデータ分析<br>※個々のMAシナリオごとのKPIの確認はMAで行い、施策全体での効果測定や、その深堀り分析を行うために活用<br>※将来的には、経営ダッシュボードへの転用も可能 |

▶ **図4.2.2** CDP、MA、BIの主な役割を定義

## プライバシーリスクを考慮したシステム構成

　ダイレクトメールの発送やメルマガの配信を行う際には、宿泊者情報やメールアドレスなどの個人情報を取り扱います。セキュアな環境を構築するため、CDPの中では個人情報を含むデータベースと個人情報を含まないデータベースを論理的に分けて構築しています。MAではメルマガの配信などに個人情報が必要となる一方で、BIで分析する際には個人情報は必要ないため、それらの情報が削除もしくは匿名化された状態で格納されています（図4.2.3）。

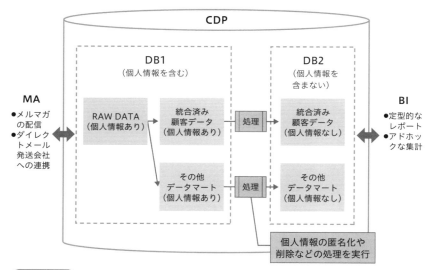

▶ 図4.2.3　個人情報の有無でデータベースを区別するシステム構成

## マーケティング施策への活用

　こうした顧客を理解するためのデータを整備した上で、メールでのデータ活用と、自社Webサイトにおけるポップアップ表示などが実装されています。会員に対して全体配信していた過去のメールマガジンと、データを分析し、適切なターゲティングを行って配信した結果を比較すると、予約者数が160％増加しています。

今後は、ある温泉地の施設に宿泊したお客さまに、次にどのような施設をおすすめするとリピートしていただけるか、そのためには宿泊から何日後のコミュニケーションが最適か、といった仮説を順次作って実行することを構想しています。

　将来的にはマーケティングだけではなく、お客さまとのタッチポイントを最適化し、一連のデータを接客サービスや予約コールセンターにも連携していきたいと考えています（図4.2.4）。

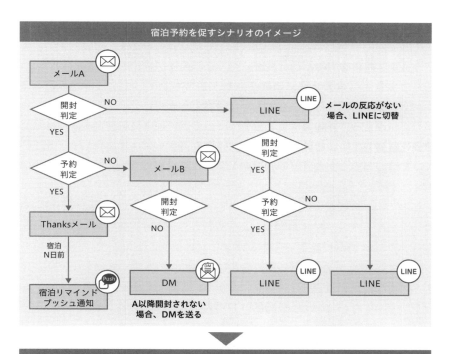

▶図4.2.4　マーケティングの施策とその結果を分析するイメージ

# おわりに

　本書は、データ活用という幅広いテーマにおいてもビジネスの成果に直結させることを意識し、顧客体験の向上やマーケティング施策への活用を中心に執筆してきました。

　顧客理解や顧客体験というキーワードから、本書はマーケティング部門に閉じた内容だととらえる方もいらっしゃるかもしれません。しかし、本書の中でも触れているように、デジタル化が進みさまざまな顧客データが収集できるからこそ、マーケティング部門に限らず顧客データをいかに事業全体で活用していくのかという視点が非常に重要になってきます。

　今後は、顧客を中心とした製品・サービス企画、サプライチェーン最適化、経営管理など、事業全体に顧客データが活用されていくことが見込まれます。その際に重要なのが、統合された顧客データや、そのデータを事業に活用していくための考え方や仕組みそのものです。顧客体験の向上を事業として目指していても、その客観的な裏付けとなるデータが十分に活用できていないと感じるのであれば、本書に記載した内容を実行していただくことをお勧めします。

　ここで我々のビジネスに目を向けると、データ活用を支援する業界の構造自体が大きく変わってきていることを実感しています。いわゆる、コンサルティングファームが経営や事業戦略を中心に事業を展開していたところから、徐々にデータ活用や施策の実行までを含めた領域に支援を広げています。広告会社は広告主のユーザをより正確に理解し、さまざまなマーケティングに生かすために、いわゆる1stパーティデータ（広告主の顧客データ）への関与を高めています。システムインテグレータはシステム開発やデータ基盤構築だけではなく、そのシステムの必要性を説く戦略への関わりや、構築後のデータ分析など幅広い領域への関わりを深めようとしています。

　さらに、本書でも触れたCDP、MA、BIを含め、さまざまなソリューションを持つベンダが自社のカバーする領域を拡張させているため、最適なアーキテクチャを構成し、機能を棲み分けて導入することも非常に難しくなっています。

　そして、本書では取り扱っていませんが、組織全体にデータ活用が浸透していくにつれ、データの取り扱い方針策定やデータ品質の管理、プライバシー保護など、データを適切に管理するためのデータガバナンスという取り

組みも必要になってきます。

　このように、一言でデータ活用といっても、関連するソリューションを提供するプレイヤーは数多く存在します。また、組織内でのデータ活用の進展に比例して、企業が取り組まなければならない課題も増えています。この全体像をデザインし、ビジネスの成果に結びつけることは容易ではなく、非常に難しいミッションだと強く感じています。

　我々はそのような重要かつ困難なミッションを成功させるために、データ活用のプロフェッショナルであり、企業のパートナーとして尽力いたします。本書も「アイデアが自走できる　世界をつくる。」という弊社のパーパス実現に則して、データ活用を進めようとされている皆さんの一助となれば幸いです。

　また、末筆となりますが、本書の刊行に向けて導入事例の掲載をご検討・ご承諾くださった各社の皆さま、執筆作業を共にしてくれた河井さん・岡永さん、多くの図版を手がけてくれた若手のコンサルタント、マーケティング部の皆さん、そして、日々、お客さまと向き合い素晴らしい実績を積み上げてくれている現場のコンサルタント、刊行に向けてご尽力いただいた全ての関係者さまに御礼を申し上げます。

2023年10月　インキュデータ株式会社

ソリューション本部 本部長

飯塚 貴之

## 付属データのご案内

　本書の付属データとして第0章〜第3章の章末に掲載した「チェックシート」の内容を、翔泳社のサイトにてExcelファイル（.xlsx）で提供しています。

　下記URLにアクセスし、Webページに記載されている指示に従ってダウンロードしてください。付属データのファイルは.zipで圧縮しています。ご利用の際は、必ずご利用のマシンの任意の場所に解凍してください。

https://www.shoeisha.co.jp/book/download/9784798178066

## インタビュー記事のご案内

　第4章で取り上げたデータ活用事例についての詳細な顧客インタビュー記事を、著者のサイトにてPDFファイル（.pdf）で提供しています。

　下記URLまたはQRコードからWebページにアクセスし、記載されている指示に従ってダウンロードしてください。なお、ダウンロードするには個人情報の登録が必要です。詳細についてはWebページの記載内容をご覧ください。

https://seminar.incudata.co.jp/download_9784798178066.html

# 索引

# 著者プロフィール

## インキュデータ

ソフトバンク株式会社、株式会社博報堂およびTreasure Data, Inc.の合弁会社として2019年に設立。「アイデアが自走できる 世界をつくる。」というパーパスを掲げ、データ活用領域における戦略立案や、CDPを活用したデータ分析基盤の構築・運用を支援する他、データやテクノロジー、マーケティング、コンサルティングなどの3社が培った知見や技術力を結集して、新たな価値を創造し、幅広い業種の顧客に対するデジタルトランスフォーメーション（DX）を支援。

https://www.incudata.co.jp/

## 飯塚 貴之 （いいづか たかゆき／ソリューション本部 本部長）

外資系ソフトウェアベンダー、コンサルティングファームを経て現職。新規プラットフォーム事業の構想策定、FinTech事業の立ち上げ支援といった企画・構想段階から、データを活用した業務改善、分析基盤構築、スコアリングモデル構築、データガバナンス導入まで幅広く従事。2021年10月よりインキュデータのコンサルティングサービス全般を統括。

## 河井 健之助 （かわい けんのすけ／ビジネスデザイン部 部長）

データアナリストとしてキャリアをスタートし、仏系広告代理店にて分析を基にしたCRM戦略や、マーケティング戦略策定、データ統合など多岐にわたるプロジェクトをリード。その後、米系クリエイティブファームでは企業の共創パートナーとして新規プロダクト開発や顧客体験設計から、思考プロセスの講師やメンタリングなど幅広い支援を実施。

インキュデータに参画後は、本質的課題の定義の部分から徹底的に寄り添うことで、ブランディングから組織デザイン、データを活用した事業デザインなど、アウトプットに囚われない真の意味でのビジネス改革の支援を実施。

## 岡永 卓矢 （おかなが たくや／ビジネスコンサルティング部 部長）

大手電機メーカにて、製品開発、国内マーケティング、技術営業に従事。半導体の新製品企画から量産までリードし、お客様への提案まで経験。

その後、大手コンサルティング会社にて主に電機メーカ向けに事業性評価、業務改革支援などに従事。メーカでの業務知見からマーケティング・セールス・開発の複数の領域で変革をサポート。現在はマーケティングを中心とした、お客様のDX推進パートナーとしてコンサルティングに従事。

| 装丁・本文デザイン | 坂井デザイン事務所 |
| カバーイラスト | iStock.com/AliseFox |
| DTP | シンクス |

# ビジネスを成功に導くデータ活用実践ガイド

顧客体験価値を創造し、向上させるためのデザイン

2023年11月7日　初版第1刷発行

| 著　　　者 | インキュデータ |
| | 飯塚 貴之（いいづか たかゆき） |
| | 河井 健之助（かわい けんのすけ） |
| | 岡永 卓矢（おかなが たくや） |
| 発　行　人 | 佐々木 幹夫 |
| 発　行　所 | 株式会社翔泳社（https://www.shoeisha.co.jp） |
| 印刷・製本 | 日経印刷株式会社 |

ISBN978-4-7981-7806-6　　　　　　　　　　　　　　　　　Printed in Japan